邹韬奋 著

韬奋时事论文集

生活·讀書·新知 三联书店　生活書店 出版有限公司

Copyright © 2018 by Life Bookstore Publishing Co.Ltd.
All Rights Reserved.
本作品版权由生活书店出版有限公司所有。
未经许可，不得翻印。

图书在版编目 (CIP) 数据

韬奋时事论文集 / 邹韬奋著 . -- 北京：生活书店
出版有限公司，2018.10
ISBN 978-7-80768-210-3

Ⅰ . ①韬… Ⅱ . ①邹… Ⅲ . ①政论—中国—民国—文集 Ⅳ . ① D693.09-53

中国版本图书馆 CIP 数据核字 (2017) 第 232188 号

文丛策划	邹嘉骊
责任编辑	刘　笛
封面设计	罗　洪
责任印制	常宁强

出版发行　**生活書店** 出版有限公司
　　　　　（北京市东城区美术馆东街 22 号）
邮　　编　100010
经　　销　新华书店
印　　刷　河北鹏润印刷有限公司
版　　次　2018 年 10 月北京第 1 版
　　　　　2018 年 10 月北京第 1 次印刷
开　　本　787 毫米 ×1092 毫米 1/32　印张 5.625
字　　数　90 千字
印　　数　0,001-4,000 册
定　　价　40.00 元

（印装查询：010-64052612；　邮购查询：010-84010542）

韬奋在苏州高等法院看守所

《大众生活》声援"一二·九"学生运动

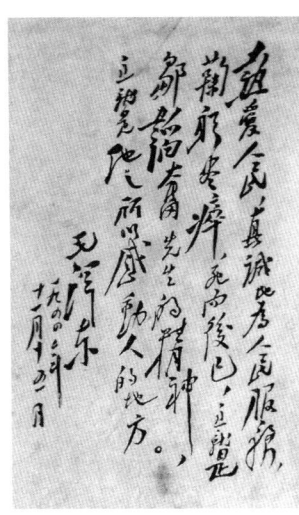

热爱人民,真诚地为人民服务,
鞠躬尽瘁,死而后已,这就是
邹韬奋先生的精神,这就是
他之所以感动人的地方。

毛泽东
一九四四年十一月二十一日

毛泽东为邹韬奋题词（1944年）

邹韬奋同志经历的道
路是中国知识分子走
向进步走向革命的道
路

纪念韬奋同志逝世五周年

周恩来

周恩来为韬奋逝世五周年题词(1949年)

《韬奋时事论文集》初版书影

写在前面

"韬略终须建新国,奋飞还得读良书",郭沫若为韬奋图书馆拟写的嵌名联,今天仍挂在韬奋图书馆的门口。今年适值三联书店成立八十五周年,经邹嘉骊先生提议,我们合议出版一套"韬奋著译文丛",以纪念三联书店创始人韬奋先生。

韬奋先生倡导的"竭诚为读者服务"宗旨,开创的书刊互动的事业格局、前店后厂的经营模式,既是当年生活书店的特色,也是三联书店延承至今的传统。我们相信,纪念韬奋先生最好的方式莫过于读他的作品,传承与弘扬韬奋精神,最好的方式莫过于为广大读者提供一套能展现韬奋先生著译实绩和基本面相的代表作品。因此,我们精选其生前编订的别集,辑为这套文丛,希望既能反映韬奋先生文字生涯的基本面貌、韬奋思想的主要脉络,又适合普通读者购藏阅读。

早期的《生活》周刊，因为邹韬奋对政治的态度较温和，主旨在"暗示人生修养，唤起服务精神，力谋社会改造"，栏目多与读者探讨平民升学、择业、婚恋、健康等和个人利益密切相关之问题，力图通过改造国民个人精神与修养，达到改良社会的目的。随着社会矛盾和民族矛盾的加剧，邹韬奋作为爱国知识分子及报人的责任心、使命感也被大大激发，认为自己对引导民众关注社会政治责无旁贷，在内容上增加了对时事政治的批评关切。"九一八"事变后，邹韬奋又在《生活》周刊上积极倡导抗日、支持抗日运动，引导民众关注中国社会的阶级矛盾，探讨国家民族的前途问题。这一过程既体现了邹韬奋对自己职业身份、职业责任的认识的转变，又体现了政治意识在他的新闻出版事业中愈发突显。

作为民国第一报人，邹韬奋一生创办（主持）了"五刊一报"，分别是《生活》周刊、《大众生活》《生活星期刊》《抗战》三日刊、《全民抗战》和《生活日报》。其中《大众生活》周刊最早于1935年11月在上海创办，出版到第16期时被国民党政府查禁，"皖南事变"后的5月在香港复刊，称作香港《大众生活》。《生活星期刊》经历过两次易名，起初叫《生活日报星期增刊》，是《生活日报》的增刊；更名《生活日报周刊》后，开始独立发行；后改为《生活星期刊》，直到"七君子事件"后被迫停刊。1937年8月创办的《抗战》三日刊（因英帝国主义的干涉，中间有几期曾改名为《抵抗》三日刊），后与《全民》周刊合并，改名为《全民抗战》续行。

《韬奋时事论文集》选编了1935年至1937年间，邹韬奋以个人身份发表于上海《大众生活》《生活日报星期增刊》《生活日报周刊》《生活星期刊》《抗战》三日刊上的文章，共44篇。全书分为"言论""漫笔""笔谈"三个部分，由时事评论和纪实散文组成。文章内容围绕着"促进民族团结，动员民众一致抗日"这个核心主题展开。其中第三章"笔谈"里的文章均摘自同一周刊（据前述，《生活日报星期增刊》《生活日报周刊》《生活星期刊》实为一刊），集中讨论了救亡联合阵线的问题，"对于目前最紧要的救亡联合阵线问题却总算有些微的贡献了"。除此之外，所辑文章还谈到了侨胞因国弱而受辱的情形，报道了国内外的抗日救亡运动，分析了苏联革命成功的密匙以及中国革命可向其借鉴之处，介绍了处在社会主义初期的苏联社会的情况，讨论了隐藏在"抗日救国"这个主要矛盾下的一些社会矛盾和民主问题，等等。这部时事论文集，着重体现了邹韬奋作为爱国报人、知识分子，对于中华民族抗日解放事业强烈的责任感和使命感。

本书以中流书店1940年3月版的《韬奋时事论文集》为底本，删去附录的《在香港的经历》，因为此篇已见于本文丛收录的《经历 患难余生记》一书。在"文丛"的编辑过程中，编者以保持作品原貌为基本原则，参照各版本厘定文字差异，订正文字、标点错误，同时对全书体例进行统一。编者对原文内容不做任何改动，只做技术性校注。作者本人的注释按原样保留，删去原编者所加注释，"文丛"编者所加新注注明"编者注"。由于彼时各种原因隐去的内容，均用 x 表示。

本文丛和本集的编选成书，得到了韬奋先生的亲属，全国人大原副委员长邹家华、资深编辑家邹嘉骊的亲切关怀和大力支持，上海韬奋纪念馆、出版博物馆慷慨援手提供图片支持，在此表示由衷的敬意和感谢！

生活·讀書·新知 三联书店　编辑部
生活書店

2017年9月

目 录

一 言 论

苏联革命的廿周纪念 / 003

紧急时期的断然处置 / 006

蒋委员长的坚决表示 / 009

中苏友谊与远东和平 / 011

急迫救亡的两个条件 / 015

敌人的梦想和意国反对谴责日本 / 019

就实避虚的侵略 / 022

在歧途上的中国 / 026

外交的途径 / 030

现代国家与民众运动 / 036

中国的立场 / 042

沉痛的回顾与光明的展望 / 048

侵略与和平 / 054

回到了学校 / 060

二　漫　笔

世界的中国人 / 069

事实上的三权 / 076

理论和实践的统一 / 081

真理 / 085

个人的美德 / 089

事实的表现 / 092

大众的军人 / 095

矛盾和一致 / 098

糟蹋 / 101

领导权 / 104

社会的成份 / 107

群 / 110

躲 / 113

我们的 / 116

柴纳门 / 119

有闲 / 122

家丑 / 125

走狗 / 128

侮辱 / 131

三 笔 谈

艰苦奋斗 / 137

前进思想与救国阵线 / 140

救国联合战线的误解 / 143

大众文化的基本条件 / 146

褊狭态度和动的现实 / 149

救国联合阵线的出发点 / 152

联合阵线与汉奸问题 / 155

今年的八一 / 158

联合阵线和党派立场 / 161

相信我们自己 / 164

分头努力 / 167

一 言论

苏联革命的廿周纪念

中国现在是在整个民族争生存的抗战时期，在这抗战时期里面，我们一切思想和行动都以"抗战第一"的目标为集中点。换句话说，我们一切思想和行动都以如何保障抗战最后胜利为中心。因此，逢到我国友邦苏联革命廿周纪念，我们一方面要为我们友邦庆祝，一方面却很自然地要把苏联革命的艰苦历程联系到中国的抗战。

中国目前是在非常艰苦的环境中奋斗着，在这奋斗的历程中，暂时的挫折是在所难免的，而这种暂时的挫折往往使国人误认为永久的失败，减少勇气，徒作悲观，忘却自己民族前途的大目标，忘却持久战的必然胜利。但是我们如想到苏联革命成功所经过的艰苦情形，和今天它所获得的结果，便应该可以增加我们的勇气，打破我们的悲观，更明显地望着我们光明的前途，作继续不断的猛进。说到他们当时的国力,刚在世界大战中弄得民穷财尽,全国骚然;当时白俄勾结列国帝国主义,其形势的严重,只有超过我国今日的汉奸,国土之被外敌占领,其范围也超过我国的今日,在实际上所剩下的只有莫斯科和它的附近区域。但是三年的内战(也可以说是"内外战",因为在叛乱的后面总是有列国帝国主义的支撑),全国的领导中心布尔塞维克始终坚定不移,在一九一九年底,叛将登尼卿进展至莫斯科相离只有二百四十五英里,但是终被攻退,国际联军的阴谋终因布尔塞维克所领导的持久战而不得达到目的。倘若当时不是领导中心的坚强,坚持抗战到底的主张,则中途的挫折早已使人心涣散,跑到自杀政策的妥洽路上去了!这正是在抗战期中的中国,在苏联革命廿周纪念的今日,所要惊觉的一点。

可是还有一点同样重要的,那就是当时布尔塞维克的中心领导有广大的民众基础,这是他们所以终于能够排除万难达到最后胜利的基本原因。一九一九年的全年中,俄国完全被列国帝国主义所封锁。甚至红十字会的代表都抛弃了他们认为必败的首都,但是在这样艰危的时期中,领导中心对于农民的政治教育及民众组织仍积极进行,不遗余力,不但产业工人一致拥护,就是大多数农民也竭诚拥护,所以一九一七年的十二月红军只有四十三万五千人,一九一九年增至一百五十万人。白俄并不注意到工农民大众力量,他们所注意的只是浮在上层的城市布尔乔亚,牧师,和以前的地主,此外便一无所有。又白俄对于少数民族的态度仍然是维持着帝俄时代的帝国主义压迫的办法,他们进攻莫斯科,必须经过俄罗斯的边境,那里的居民大多数是"非俄民",这些"非俄民"完全拥护布尔塞维克的克敌致果,军事以外的种种力量固然是出于民众工作,即红军迅速强大,也是由于民众工作。后来列宁毅然实施过度的新经济政策,老实告诉他们的党人,说是要顾到当时大多数农民的企求,否则失却大多数人的支持,布尔塞维克(这时已拿到政权)一定要失败的。这个苏联的伟大领导者对于广大民众的深切注意,可以说是始终不懈的。我已为这也是抗战期中的中国,在苏联廿周纪念的今日,所要惊觉的一点。

(录《抵抗》三日刊)

紧急时期的断然处置

蒋委员长在今年国庆日宣告全国民众："这次抗战是死中求生的一战，必须经过非常危险和艰难，才能够得到最后的胜利，全国同胞，一定要有实实在在的觉悟，知道初步努力，必继之以更大的勇气与牺牲……因此必须准备着一切，来担当比今天还要艰难困苦到几十倍的境遇。"

我们在这紧急的时期，人心似乎呈现皇皇的今日，愿每个中华民国的国民自己反省地问道："是否真已准备着一切来担当比今天还要艰苦到几十倍的境遇？是否真已立定牺牲到底的决定？"我们在这紧急的时期，愿全国同胞再仔细回念着蒋委员长所宣告全国的上面那段话。我始终深信我们为民族生存与世界正义而抗战到底，最后的胜利必然是属于我们的。但是同时我们却要深刻地明白这最后的胜利是必须我们不怕艰难困苦和牺牲到底去争取得来的。倘然中途遇着艰难困苦，便嗒然若丧，心灰意冷，充满着怯懦和悲观的心理，那根本就不必想做独立自由的国民，根本就准备做被蹂躏被侮辱的奴隶！

我们一方面愿以艰苦奋斗始终不屈，与全国同胞共勉；一方面愿竭至诚希望政府在这急紧的时期，实行断然处置的政策，痛痛快快做几件振奋全国人心，挽回衰颓士气，和展开有利战局的事情。我们不怕中途的艰难困苦，但是我们不得不检讨已往的种种缺憾，补救这种种缺憾，使抗战很迅速的展开这光明的前途。

第一件事是彻底开放民众运动。中国抗战至今，仍限于军事动员，并没有做到全民抗战，这是谁也不能否认的事实。即各地的抗敌后援会纷纷兴起，形势较前不能说没有多少进步，但是广大的下层民众的组织训练和武装，并没有真正的实现，听周恩来先生说，中国抗战必有光明的前途，说起"日本只能带军队来，不能带民众来"，他的意思，我们的胜于敌人的是除了军队外还有民众。但是我们广大民众的伟力至今并未发挥出来。

第二件事是政治上的刷新。据事实所表现，要人中还有人发表模棱妥协言论，各地官僚劣绅还有鱼肉平民的劣迹，甚至为李宗仁先生谈话所表示,即军队方面也有不少弊端亟待改革,在这紧急的时期,用贤黜奸,须所一番大刀阔斧的表现。

第三件事是与国的进一步的互助联系。自抗战以来国际形势始终是对我们有利的。最近九国公约会议通过谴责日本违约的宣言,这在表面上看去似乎还仅属纸上文章,但是主持正义的国家已有另组坚强的联合阵线以对付侵略国的端倪(见国民新闻社十四日卜鲁塞尔电讯),和平阵线与侵略阵线将愈尖锐化,我们的"寻求与国"绝对不能把侵略的伙伴也拉为与国,必须在主张正义的英美法苏求之,尤其是在远东更与中国有共同利害的苏联,我们必须和它有进一步的合作。

全国同胞应有民族自信心,这是完全对的,但是在这样紧急的时期,我们认为在政治上外交上必须有几件有利于战局开始的断然处置,才能转变目前的危殆的局面。

有组织的民众的力量,健全的政治力量,与利害相共的与国力量,配合起来,兼程并进,我们的胜利必有很快地到来。

(录自《抵抗》)

蒋委员长的坚决表示

在抗战已发动之后,全国的舆论都集中于坚持抗战到底的这一点,全国人民所顾虑的是半途妥协,抗战动摇,以致断送民族生命和前途。在全国这样的心理之下,蒋委员长在最近的国庆日对全国民众诚恳而坦白的演辞,实含有非常重要的意义,应为全国同胞所重视而永记不忘的。

蒋委员长在这个演辞里,对于坚持抗战到底,再三作坚决的申述,明白爽快,任何人都不应该有丝毫的曲解或误会,也不可能有何曲解或误会。他说"真正的胜利,必能从持久苦斗中得来";他说"我们国民第一必须抱定坚苦卓绝不顾牺牲一切的精神,要百折不回奋斗到底";他尤其明确地说他"必定始终追随着全国同胞,领导全体将士,矢忠矢勇,虽仅余一兵一卒,亦必奋斗到底"。我们深信,全国同胞对于蒋委员长坚持抗战到底的表示,一定都以赤诚来拥护的。

蒋委员长在这篇演辞里，还有几句非常重要的话，那就是他希望"全国同胞，不论男女老幼，个个人贡献能力，在中央领导之下，各尽责任，共同一致努力奋发，必先要集中抗战力量，然后方得排除暴敌的侵略"。这样看来，蒋委员长一方面表示坚持抗战到底，一方面便申述全国民众真正动员，"共同一致努力奋发"，为"排除暴敌侵略"的"先"决条件，换句话说，仅有军事上的动员还不够，必须全国民众的动员，才有保障最后胜利的把握。蒋委员长是全国军事的最高当局，于军事动员之外，犹谆谆于"个个人贡献能力""共同一致努力奋发"，不是更值得我们注意吗？

怎样能使"个个人贡献能力"？怎样能办到"共同一致努力奋发"？这便是彻底组织民众问题：倘若只有无组织的散漫的民众，或未被容许积极自动的民众，这个目的是永远无法办到的。

中苏友谊与远东和平

一

本期本刊和读者诸君见面,正是十九年来艰苦奋斗日趋光明的苏联举行国庆的时候。我们看到苏联已往的艰苦的境遇和由奋斗中得到的胜利,一方面要向它庆贺,一方面对于我们自己民族解放的努力也更感到兴奋,因为我们深信中国只须能全国团结起来,向着正确的途径作坚决的斗争,中国必然会有着光明的路途,最后的胜利必然是属于我们的。

我们在上期本刊里曾提出"急迫救亡的两个条件":一个是停止一切内战,一致对外;还有一个是要极力运用当前的国际形势,对于英美法苏等国,只须不妨碍我们民族解放的神圣工作,我们都要极力造成有利于我们的友谊关系,尤其是和我们土壤相接,利害更是密切,而对外"不抱侵略野心"的苏联。现在适逢苏联的国庆,我们愿努力救亡的全国同胞对于这个问题更加以严重的考虑,我们并愿对于这件事贡献一点比较具体的建议。

关于这方面,我们不得不敬佩孙中山先生的眼光远大。他在临终的时候,有一封很恳挚沉痛的遗书给苏联的当局,在那里面有这样的话:"我遗下的是国民党,我希望国民党在完成其由帝国主义制度解放中国……之历史的工作中,与你们合力共作。命运使我必须放下我未竟之业,移交与彼谨守国民党主义与教训而组织我的真正同志的人们。故我嘱咐国民党进行民族革命运动的工作……为达到此项目的起见,我已命国民党长此继续与你们合作……当此与你们诀别之际,我愿表示我热烈的希望,希望不久即将破晓,那时苏联以良友及盟国而欢迎强盛独立的中国。两国在争世界被压迫民族自由之大战中携手并进,以取得胜利。"

我们——在这样严重的国难中的我们——捧读中山先生的遗书,感觉到句句精诚,字字血泪,认为我们必须迅速采用具体的方法,团结中苏的友谊,共同反抗侵略,保全远东和平。

二

所谓和平运动,绝对不是可在侵略和被侵略的条件下实现的,所以苏联的外交政策以和平为基础,即与许多国家订立不侵犯条约,彼此互不侵犯,便没有侵略和被侵略的存在。不仅如此,苏联更和法国订立《法苏互助协定》,和捷克订立《捷苏互助协定》。不侵犯条约还只含有消极的意义,互助协定却更有积极的意义,因为参加互助协定的国家不但彼此互不侵犯,如遇有第三国来侵略任何一国的时候,彼此还有互助抵抗侵略的责任。中国正在抢救危亡的关头,应该用全力抵抗侵略,这固然是毫无疑问的。但是就被侵略的方面说,中国实为苏联在远东的前方,前方沦亡,后方的危险必大大地增加。这两大国在抵抗侵略上实有共同的利害,所以这是互助,不是单方面的倚赖。远东和平的保全,中苏两国的密切友谊实在是最重要的基础。当然,中国的民众和苏联的民众本来就有着很好的友谊,但是两国有了具体的互助协定,更得到具体的保障,同时也更可使侵略国有所顾忌。

互助协定和所谓军事协定，性质根本不同。军事协定是以侵略为目的，互助协定是以抵抗侵略为目的。远东和太平洋的和平固以中苏友谊为基础，但太平洋各国赞助这个宗旨的当然也可以加入，造成太平洋集体安全的保障，不过中苏两国因国土接近，在抵抗侵略方面，有先做榜样的必要。根据这个观点，我们主张中苏应迅速订立互助协定，以互助抵抗侵略为目的。

侵略中国最残酷的国家，口口声声以"防共"为要挟，实际上他们所谓"防共"，已成了侵略的代名词，这是谁都可以看出的。他们所谓"防共"，就是先灭亡了中国，再进攻苏联。中苏两国政制尽管不同，而抵抗侵略却是有着共同的利害。法国和苏联的政制尽管不同，但因为要互助抗抵侵略，他们尽可以订立互助协定，远东的中苏也同样地受着侵略者的逼迫，所以也需要订立互助协定。我们希望中苏两国政府各为着本国和远东的真正和平，对这件事加以积极的努力；并希望中苏两国的民众各为着本国和远东的真正和平，对这件事加以积极的促成。

急迫救亡的两个条件

一

在我们的民族正在极危殆的境遇中挣扎的时候，我们对于国际形势和国内时事的进展，总是从有利于民族解放斗争的观点看去，总是存着满腔的希望——希望这些事实的进展能够转动到有益于中华民族的独立解放。

当"友邦"在华北从事实上猛进侵略，外交谈判在南京谈至第六次还在停顿状态中的时候，电讯传来蒋委员长由京乘飞机飞到西安的消息。这消息很引起国人的深切的注意，都要知道他在这样紧张的时候飞到西安负有什么重大的使命。和华北接连的西北实为抗敌救国的最前线。依我们所知道，西北的将领对于抗敌救国的情绪都非常的迫切；他们所以还踌躇未即发动，是由于中央对于抗敌具体的办法还未公布最后的决定。整个中国应即团结起来发动民族解放的神圣抗战,我们从这个主张做出发点,希望蒋先生这次西北之行,对于这个重要的任务能有积极的发展。

我们认为中华民族解放斗争的最后胜利,须靠整个中国团结起来一致对外(当然,这里所谓对外,是要集中力量对付我们民族当前最大的最残酷的唯一敌人)。这个需要是很显然的;我们用整个中国的力量来抵御外侮,效力的伟大,当然比任何局部的孤军抗战来得大。整个民族的生死战,是一件极重大的事情,我们必须用整个的国力来作坚决的抗战。根据这个原则,我们反对消耗对外力量的任何内战,我们要停止一切内战,把一切力量都团结成一个阵线,对付我们的共同的最大敌人。我们立于民众只知救国不知其他的立场,在这个迫切需要全国团结一致救亡的关头,应该用诚恳的态度提出这个重要的要求:停止一切内战,一致对外!

我们认为这是当前抗敌救国最重要的一个条件。我们以为凡是诚心救国运动的人们,应该用种种最大的努力,促成这重要条件的实现。

二

抗敌救亡的神圣的伟大工作，是要靠我们全国团结起来作坚决的斗争，不能存着任何倚赖性。这当然是一个切要的认识。但是近代的任何国家，绝不能再像从前那样可以"闭关自守"的，国际的形势和各国的政治都有着密切的关联。所以我们一方面固然要极力巩固整个国家对外的力量，一方面也还要极力运用当前的国际形势。

讲到这一点，最近新任驻苏联大使蒋廷黻氏的出国赴任，值得我们的特殊注意。蒋氏于十月廿六日离沪出国的几天里面，在宴席发表的几次演辞，颇有重要的意义。例如他说中苏两国"就地理说，边境相接，地大物博，与我国情形颇相类似，都能够不求于人，自食其力，不抱侵略野心，即愿意维持世界和平"。他又说"一国外交的运用，绝不是'乞怜'和'叩头'的方式所能成功，务以双方利益平衡为依归"。

我们的民族向以爱好和平著名于世界，但爱好和平是在独立平等的条件下实行的，不是甘心做奴隶的代名词。我们对于要灭亡我们的国家和奴役我们的同胞的国家，我们绝对不能以"爱好和平"遮羞。但是对于其他的国家，如英美法苏等国，只须不妨碍我们民族解放的神圣工作，我们都要以友谊的态度相待。这几国里面，苏联尤其和我们有着利害相共的形势。侵略我们的国家的政策，是要先灭亡中国再来进攻苏联，这已是全世界公开的判断。苏联的当局屡次宣言他们决无意侵略别国的土地，但是谁要侵略苏联的一寸土，他们是要用武力对付的。但是他们为着积极建设，要把被侵略的危机努力减少是无疑的。中国假使被灭亡，于苏联是有害无利，这是谁都知道的，反过来，有共同利害而又彼此"不抱侵略野心"的国家能有相当的联络，虽尽管各为本国的利益打算，对于抵抗侵略的力量是要大大的增加。这不是彼此有所倚赖，实在是互助的互利的方法。这种有利于我们抗敌救亡的国际形势，是我们于团结内部一致对外的重要条件之外，所要共同努力促进实现的最重要的另一个条件。

敌人的梦想和意国反对谴责日本

本埠英文《大美晚报》及《字林西报》所载路透及华盛顿传来的消息，据说日本军阀对我国所希望提出的讲和条件有：（一）中国承认满州伪国；（二）华北与内蒙成立"自治""反共"组织，受日本保护；（三）总税务司须由日人充任，中国中央政府及各省政府机关，须聘用日本顾问，中国关税税则须加改订，以促进日本制造品之对华输出及中国原料之对日输出；（四）须有一个亲日的总统代蒋委员长做领袖，同时中国须加入德意日防共集团；（五）中国不许有陆军及军用飞机，只须有保安队以执行警察职务，商业航空须由日本经营，商业飞机亦须买自日本；（六）凡属通商口岸，如上海、福州、厦门、广州等处，皆须开辟日租界，同时目前已在日本占领下的中国沿海岛屿，要由日本永久占领，作为军用飞机场之用。日本军阀这种梦想，只须其中的一小部分，已是沦亡中国而有余，全部实现更不消说了。但是中国绝对不会让他这个梦想成为事实的。《大美晚报》记者说这种条件只有对于完全打败的敌国才加得上。中国在目前也许不免还有一时局部的挫折，但是整个中国是不可能被征服的，日本军阀做梦做得太甜密了！他们的这种野心的流露，徒然增强中国全国人民抗战的决心，因为横在我们前面的路显然只有两条，一条是从艰苦中继续抗战以争取民族自由解放；一条便是"屈膝"让日本军阀实现他们的梦想。在这两条路中间并没有像有些人所憧憬着的折中的道路可走，我们对日本军阀的目无中国的吃语，徒然愤慨是不够的，我们必须进一步使这种愤慨变为整个中国的伟大的抗战的力量，咬紧牙根，巩固团结，向着我们的唯一的共同敌人作更猛烈而持久的斗争。

据本月十三日路透由卜鲁塞尔传来的电讯，说九国公约会议因意国的坚强反对，致未能通过措辞严厉指责日本拒不与会的宣言书草稿，但各国代表在历时颇久且颇激昂之讨论后，决定将此草稿交各国政府审查。在散会前赞成此宣言者十一国。独意国力持异议。

意国这次参加九国公约会议，原以我们的敌人的代言人自居，它的这种举动原在我们思料之中，所以这种消息传来，虽增加我们愤慨，却不觉得惊异，所希望者是国内还有一部分人对于国际的真实形势仍熟视无睹，或有意混淆黑白，使国家在这种危急的时期中，对于有利于我国的外交线路仍在模棱两可或一无所可的怪境中，看了这类帮助我们敌人露骨的表示，应该有些觉悟罢。（其实墨索里尼早在他的机关报《意大利人民日报》上表示日本在中国的侵略行动是合理的。）

我们在国际上认定唯一的敌人是日本帝国主义，不要多所树敌，这原则仍然是对的，但是我们对敌人的伙伴却不应存有幻想，把它和我们的真正友邦看作同样的关系，认为是我们所"寻求"的同样的"与国"（见汪主席最近发表的《寻求与国家团结民众》一文）。汪主席说"反对侵略者都可以为中国的与国"（见同篇文），这话是完全对的，但是意国坚强反对谴责日本，是反对侵略呢？还是赞助侵略？这一些不弄明白我们是永远"寻求"不到"与国"的！

就实避虚的侵略

一

全中国的人民所集中注意的中日外交问题，据日本外务省的看法，说中国"既表示充分赞助调整中日关系的基本观念，故至少目前决裂的危机可以避免"，这"基本观念"究竟是什么，这是有关整个中国存亡的关键所在，是我们所应该严重注意的。同时由东京传来消息，日本对华北志在必得，采取就实避虚的办法，从北平特务机关长松室孝良所条陈，用重大武力迫使（记者按，请注意他们是打算好的，无须真打的一贯的塌便宜政策）冀察鲁晋绥各省当局就范，冀察政务委员会高等顾问建川中将在吉与关东军当局有过好几次的协商，又带有新方案到平，传达日方各要人后，即开始作更进一步的策动。所谓"基本观念"，所谓"新方案"，依

"友邦"最近在华北的实际行动看来,实等于就实避虚的侵略。就实避虚的侵略比强硬态度的侵略,就被侵略者说,是更为狠毒的策略,因为同是侵略,强硬态度的侵略,还可使被侵略者明白亡国的惨祸迫在眉睫,共同振作起来,作死里求生的奋斗;就实避虚的侵略便比较容易麻醉被侵略者的心理,不明白在实际上是已经把整个国家的命脉断送了,做了实际的亡国奴而自己还不知道,这样一来,更不会想到什么抵抗的问题,更容易达到侵略者"纯采不战而胜的方式",更容易办到侵略者"以威力胁迫并镇压各实力派,以期收不战而胜之效!"这实在是当前最大的危机,比"决裂的危机"还要大千万倍!这是我们要大声疾呼,愿全国同胞时刻加以严重注意的。

二

事实胜雄辩!日本一面倡言"目前决裂的危机可以避免",一面却在华北着着进逼,"志在必得"。天津日总领事崛内公开宣言华北经济开发原则已定,只须按计划进行,中日在南京谈判,无论结果如何,决不致影响此事的进行;最近竟在丰台筹设警署；在平津一带举行大规模的所谓"秋操"，伪军对绥省进攻的阴谋正在积极进行。总之在"谈判自需极冗长之时间"里面，他们却正在一件一件的干着，干了就算数，决不受任何谈判结果的影响！

谈判的结果当然不是丝毫没有，他们很可以在"就实避虚"的策略下达到他们的实际的目的。例如他们要修改中国的教科书，并视察中国的学校，以"根绝排日"，这很显明地是要在全中国实行奴化教育，中国的文化根本要遭受到极惨酷的打击，这种亡国条件是谁也知道不应接受的。但是有人说，我们的教科书尽可只载事实而删除解释，例如"九一八"的国耻，我们只载这件事的发生，为什么有这件事是无须解释的，这样接受日本的要求修改教科书便可马虎过去。其实我们万分沉痛的纪念"九一八"，侵略者却在兴高采烈地纪念"九一八"，同一事件，同一纪念，便大有不同的解释。受侵略者为什么不能对自己的子孙解释被侵略的事实，这是不是已做了亡国奴的明证？至于"视察"，有些人说不妨代以"参观"，那个条件也是可以接受的，其实在实际上这样的"参观"也就等于"视察"，徒然骗骗自己罢了！

三

就实避虚的侵略，也可以说是软性的侵略。这里所谓软性的侵略，和寻常的意义又有些不同。寻常所谓软性的侵略，是含有渐进的意义，这里所谓软性的侵略，在质的方面，仍然是激进而不是渐进的，所不同者只是不拘于表面上的名义而已。例如最初日方提出所谓三原则，中国民众知道这是亡国的原则，纷起反对，他们就宣言并不必拘泥于三原则，但一直到现在，所谓根绝抗日，所谓中日"满"的合作，所谓共同防共，尽管在名义上或方式上千变万化，而最后总是契而不舍，丝毫不离他们原来"志在必得"的宗旨。

我们所要努力争取的是中华民族的真正的独立解放！我们不能在任何烟幕弹下牺牲我们民族的生命！我们不要忽视就实避虚的侵略是灭亡中国的更毒辣的侵略！

在歧途上的中国

一

关于中日的外交问题，我们在上期本刊已略有表示，我们曾提出两点：第一、要调整中日邦交，有个先决的大问题，那便是中国要收回东北四省的失地，取消所谓《淞沪协定》、《塘沽协定》、《何梅协定》，以及其他有损主权的协定；第二、中国政府应严守国土和主权完整的根本原则对付外交，外交绝望后即应采取"断然的处置"。我们认为这两个要点，是全国对于外交途径所不可丝毫放松的。

中委王宠惠氏最近对新闻记者畅谈中日交涉问题，说"目前中日关系的紧张，为无可掩饰的事实，中日交涉已到了最后的关头，只须看看日本的积极准备，便知道敷衍的局面已不可苟延片刻"。中日交涉已到了最后的关头，诚如王氏所说，尤其重要的是敷衍的局面已不可苟延片刻，换句话说，中国现在还是下决心严保国土和主权的完整呢？还是再作进一步的投降？在歧途上的中国，就是自己还要敷衍，对方也不让中国敷衍了！

在这个艰危的时候，中国为保全民族的生命计，应有自动的外交，在有一定原则下的外交，然后能坚持到底，步骤不乱；倘若为对方恫吓所威胁，不惜破坏国土和主权完整的原则，以迁就对方提出的无理要求，那正中了他们的诡计。日本一方面派桑岛东亚局长带着"最后的话"来中国；一方面日本军部各领袖公然宣言，他们对于中日局势所采取的立场，可概括于下面的一句话，那就是日本必须充分准备于必要时诉诸武力。不但口头上的恫吓而已，他们在华北干着大规模的长时期的军事"演习"，更紧张地胁迫宋哲元氏汉奸化；在华南大增派其海军，耀武扬威，肆行无忌：恫吓的手段。可谓无所不用其极！最近日本松室少将对关东军报告关于中国的情报，竟老实说："帝国如欲对华发动口实，随意可得，故看到中国的官民诚惶诚恐对日不敢犯主义，殊极可笑。由此益可窥见帝国的威力，帝国安可不乘势进攻，夺取特殊的权益？"又极力主张利用"普遍的恐日病"，"纯采不战而胜的方式","以威力胁迫并镇压各实力派,以期收不战而胜之效","慎勿以实力粉粹各实力派的力量,以免遭不必要的损失","吸引恐日病最深的实力份子,与以实力的援助,使他镇压抗日分子"。这些是多么怵目惊心的话语!但是中国的全国国民决不容许在恫吓中断送任何部分的国土和主权!

二

以上所说的第一要点是我们应坚守国土和主权完整的根本原则,不受任何恫吓所动摇。其次我们所要严重注意的,是远察世界大势,近观中国现实,在侵略者残害我们民族的生存而无法用外交途径挽回的时候,我们发动民族解放的抗战是有着光明的前途,不可受失败主义的麻醉,认为发动保卫国土主权的抗战就是等于亡国。这实在是"恐日病"的最深的病根,需要我们大声疾呼严厉纠正的。我们所尤其痛心的是看到最近"京沪各报馆之连署"的《中日关系紧张中吾人之共同意见与信念》的宣言,说什么"衅端既起,中国如作城下之盟,即为自署亡国之符券,世世子孙,真将永劫不复"。在未抗战以前，即作城下之盟的打算！于"卫国"一词以后即紧接上"殉国"的消极名词。我们对于连署这个宣言的"掌持舆论，同为公众喉舌，对内对外，均有宣达公意之职责"的各报，不免感觉到很大的失望和痛惜。我们固然知道主持各报的先生们对于爱护国家民族的动机，并不后人，绝对无意为侵略者张目，但无论何国，舆论态度总较政府进一步，尤其是在外交紧迫的时候，民众力量更是政府的重要后盾。现在竟于无意中替侵略者广播"恐日病"的毒素，这是很可痛惜的。以"纯采不战而胜的方式"的邻国报界，对于中国人民保卫国土主权的愿望，向来缺乏同情，而这次对于这个宣言，独宣称"倍加赞扬，并以诚意接受"，我们自己跑进了他们的圈套，是很显然的。

目前的形势，使我们回想到"二十一条"时的惨象，但是孙中山先生《三民主义》下的中国不应该是当时的中国，现在的中国国民也不是当时的中国国民了！

外交的途径

一

成都事件，北海事件，汉口事件，虹口事件，好像连珠似的不幸的事件，纷至沓来。这些不幸的事件引起了"友邦"的强硬的态度，大有山雨欲来风满楼之概，最近虽仍遣兵调将，耀武扬威，但据说经过他们的外务，陆军，海军三省的联席会，决定仍置重心于外交交涉，要求中国政府乘此机会，解决妨碍中日国交的一切悬案，并承认华北的特殊地位，扫除"排日运动"的祸根，同时树立救急对策。据路透社东京电讯所传，《读卖新闻》所载日本外务省的主张如下：
（一）创立缓冲区域，包括冀察鲁晋绥五省，南京政府在以上各省之内，仍保留其领土宗主权，惟一切其他的权利与义务，如官吏的任免，赋税的增收，及军事的管理等，都应交给当地的"自治"政府。(二)利用目前时机,设法将中日间的交通合作,加以解决,其中最著者为航空问题。(三)中国对于"九一八"事变后加于日货的关税,实行根本上的修改。(四)中国应尽量聘用日本顾问。这震动一时的四项条件,日本外务省的发言人在各报记者询问的时候,既不予以证实,亦不加以否认。据南京"某外交家"的意见,说中国当局还未接到此四项要求。但无论如何,日本对于中国还装腔做势,说是置中心于外交交涉,他们的目的很简单,仍希望不费一兵一卒,即可在中国捞去一大串利益,同时把中华民族的生命前途,全置在他们的全力支配之下。日本要使华北五省"东北化",早已明目张胆地对世界宣布过,所谓"自治运动",始终在发纵指示,未曾忘怀,早是公开的秘密。所谓"自治政府",也就是傀儡政权和汉奸政权的混合物;官吏的任免,赋税的征收,军事的管理,乃至"一切其他的权利与义务",都和中华民国脱离关系,这很明显地是把华北五省献给"友邦",作为更进一步控制全中国的根据地。此外如第二项的掠取中国的航空权,第三项的掠取中国的财力,第四项的掠取中国的军权,在在都和整个中国的命脉有极密切的关系。航空权,他们曾屡次向中国政府要求过。减低关税为走私的要挟，也是公开对世界及中国宣言过的。聘用日本顾问，依我们所知道，也已由川越大使向中国张外长提出。总之，这四项条件在实际只是旧话重提，在"友邦"方面是认为当然的了。据中央社的东京消息，中国驻日大使许世英曾于廿五日往外务省访问，外相有田表示特别注重于根除"排日主义"和根本调整中日关系两点。所谓根本调整中日关系，除强迫中国政府答允他们奉送华北五省，航空权，关税特减，军事顾问，等等的亡国条件外，还要加上对于东北四省已失的土地和当前快要失去的有关国命的种种，都须具有旷达欣然的态度，一点不要有反抗的言论行动；他们甚至要求修改教科书，至于民众的救国团体，那更是他们所视为绝对反动的东西——平心而论，在日本把它们看作是绝对反动的东西是并不错误的——此外再加上所谓"共同防共"，"友邦"在外交上向我国所要提出的内容，至少在目前，可以说是都包括在内了。

二

日本的侨民在中国受到杀身之祸，这在我们当然是觉得抱歉的。但是这类事件,自有它们的常轨的外交途径可以遵循,自有依法赔偿的方法可以援用。我们主张整个民族的救亡图存,反对侵略国对于我们民族生命的摧残,不是暗杀几个个人所能挽救的,所以我们并不主张舍去整个的对象而对少数私人为难。但是即就各项"不幸事件"中的遭难者而论,牺牲者不过一两个个人而已;这种事件的严重性,拿来和中国丧失几省的国土,沦入奴籍者动辄数千万人民的惨剧,两相比较之下,其中的差异,是多么大啊!我们未曾占据日本几省的土地,未曾奴役他们的人民,不过因为他们有一两个侨民在中国被害,他们的政府就那样大张旗鼓地向中国大办其强硬的外交;中国遭受到那样惨酷的侵略,中国政府在外交方面更应该怎样地努力!

"友邦"对于中国的外交原则,简单说起来,不外是要想不费一兵一卒,捞去一大串利益。他们希望在樽俎之间,可以把整个中国的生命线灭尽,成功一大笔的好生意!我们也应该有我们的外交原则。我们的外交原则是什么呢?是国土完整和主权独立。这个基本原则是全国上下所当严守而不可丝毫放过的。

当成都事件发生时,日外相有田认为"除惩治凶犯赔偿损失等惯常要求外,有采取基本步骤之必要",宣言"两国政府应调查其起因,而予以根本的解决";同时日外务省接见外国新闻访员,宣称"自成都事件发生后,中国全国已充满反日情绪,类似易致燃烧的气体,一经点燃,即可爆发,故日本目前至急之要求,乃在消除此种气体,中日当局亟应考虑正当方略,俾得实行此种急迫工作"。最妙的是当时外国记者里面有人问这位发言人,中日事件究竟是起因于最近华人盛行的反日情绪,还是起因于华人对日本不满的结果所致,这位发言人踌躇着回答说他不知道。我们赞成有田所谓"采取基本步骤","予以根本解决",也赞成日外务省发言人所谓"正当方略",但是我们所要特别郑重提出的是,日外务省发言人所有意图回避,托词"不知道"以求遮羞的那"根本""起因"!因为这正是"基本步骤""正当方略"所在的地方!

现在中日间发生许多不幸事件,如果要在外交上求枝枝节节的解决,那是不可能的。上海英文《字林西报》的记者在他们的《社论》里说过:除非每一个日本人用一个保镖跟着,谁也不能担保他没有危险,这是任何国家的政府所不能担保的。我们反对对于个人的杀害,丝毫不愿替暗杀个人的行为辩护,并且以为在调查明确之后,我国当然还要依国际惯例,负起惩凶赔偿的责任;但同时却有一个很重要的建议,那就是如要根本消除许多不幸的"一经点燃即可爆发"的事件,必须在一个大问题解决之后;这大问题便是中国收回东北四省的失地,取消所谓《淞沪协定》,《塘沽协定》,《何梅协定》,以及其他种种权丧辱国的协定。这是一切不幸事件的先决问题。倘把这个先决问题搁开,要想枝枝节节解决许多不幸事件,断然是得不到根本解决的。倘若不注意这个先决问题,反而再火上添油,提出更多的破坏中国领土完整和主权独立的条件,那不是消除"易致燃烧的气体",而是努力增加"易致燃烧的气体"!

日本在中国不过死去了几个个人,他们的政府便籍此煽动全国民众的激愤,大喊"现在已发动自卫权",中国遭受着几省失地数千万人民沦入奴籍的惨祸,中国政府更须怎样团结全国民众来"发动自卫权"?所以我们主张中国政府应严守国土完整和主权独立的根本原则对付外交,外交绝望后即应采取"断然的处置"!

现代国家与民众运动

一

有些人听见民众运动就不免害怕,其实民众运动是现代的国家里一件很普遍的事情。无论是号称民主政治的国家如英美法或法西斯的国家如意德或社会主义的国家如苏联,都有他们的民众运动。中国当国民革命军北伐的时期,对于民众运动的努力,现在还有许多人记得清清楚楚。而且当时北伐的成功,大半是靠有民众运动做革命军的先躯,所以往往革命军还未到一个地方,因有民众的积极响应,已先声夺人,使敌方胆寒!这也是许多人记得清清楚楚的。

我们看到各国的选举,更可以知道他们的民众运动和国家政治是分不开的。例如现在美国正闹得热烘烘的总统选举大运动,这里开大会演讲,那里开大会示威,这里研究,那里辩论，全国各角落里的人们，无论男女老幼，都被激动起来，他们的注意力都被集中起来，他们的思考力都被增强起来。你在随处随时都可以看到他们的民众运动的活跃。这也可以说是现代国家中一个重要的象征。当然，像中国曹锟时代的贿选活剧，那运动的进行是在妓院里，旅馆里，酒馆里，只在妓院旅馆酒馆等等的地方，少数走狗爪牙的活动，热闹一下；所谓民众，都很漠然，并不感觉到有这么一回事，就是偶然听到关于这种丑态百出的新闻，也不过视为茶余酒后的闲谈资料，也不感觉到和他们有什么切身的关系。这种选举，当然和靠民众拥护的选举不同；在近代的国家里是看不到的。

苏联的注重民众运动，也在许多事实上表现出来。最近的例子是全国各角落里对于新宪法讨论的热烈。在他们的各工厂，各农场，各种各色的机关，工人农民以及其他的工作者，对此事都有大规模的热烈的研究和讨论。在他们的几十万人的体育大检阅，为着保卫他们的国家，"你们准备好吗？"的问句一出，几十万人同声一致的回答说："准备好了！"那山崩海裂似的民众的吼声，使你感到民众运动的力量是怎样的伟大！他们在积极推行集体农场的时候，并不是仅仅由政府发几个命令，由少数专家起草几个计划算数，也靠着民众运动的力量，有组织地发动整千整万的人加入，才克服种种困难而得到最后的胜利。

苏联和美国虽在政制上彼此不同，但是他们都有民众运动，却是一个事实。有些人想到民众运动，就以为只是共产党的东西，好像此外就没有什么民众运动可说，而不知道凡是现代的国家，都是和民众运动不能脱离关系的。

各国有各国的民众运动，他们各有他们的目标。中国当前的唯一大问题是抗敌救国，所以中国当前最重要的民众运动是民众救国运动。我们如果因此误会而不敢干民众救国运动，那对于中国的解放前途的恶影响实在是太大了，所以这个问题很值得我们的深切的注意。

二

关于民众救国运动还有人有些误解，我们因为民众救国运动和民族解放的斗争有着十分密切的关系，所以要提出来和诸君共同研究研究。

第一个误解是认为民众救国运动是和政府对立的。其实民众救国运动的唯一宗旨是在抗敌救国，和民众的救国运动立在一条战线上的政府应该和民众合作，在合作形势之下，民众救国运动不但和政府不致站在对立的地位，而且可以增强政府对外的力量。我们屡次说过，抗敌救国要得到最后的胜利，必须全国团结起来，一致对外。在这种大目标下，凡是以赤诚努力于救国的人，第一要义是不要分散整个中国的抗敌力量。在抗敌救国的过程中，拥有二百余万军队的政府，当然是一个抗敌救国的很大的力量。在我们做民众的，唯一的念头是怎样和这个力量合作，由此达到我们救国的目的，并无意于推翻这个力量。不明白这个情形的人，往往把民众救国运动看作反政府的行为，实在是大错而特错。民众救国运动是和汉奸卖国贼对立的，因为汉奸卖国贼是在为着本身的利益——其实这利益也是靠不住的——而出卖民族利益，他们的目标和民众救国运动的目标是立于绝对相反的地位，是无法合作的。但是政府只要和民众救国运动作诚意的合作，决不会立于相反的地位，那些诬指民众救国运动为反政府的人，对于政府实在是莫大的侮辱！

三

还有一个很大的误解是认为民众救国运动只是消极的行为,甚至认为只是捣乱的行为。有某君竟大胆地说过,政府所希望于民众的,不要民众的帮助,只要民众不要捣乱就够了!捣乱是要分散民众力量的,这当然也是我们所反对的,如果民众救国运动是捣乱,那末我们为着救国起见,不但不该提倡,而且还应该千方百计去消灭它才是。但是我们开头就说过,现代的国家和民众运动是脱离不了关系的。假使民众运动只是捣乱的行为,那末现代的国家都变成捣乱的国家了:这种说法的所以不通,是因为民众运动,尤其是民众救国运动,确有它的积极的教育的价值。一盘散沙的民众是没有力量的,必须有组织的民众才有力量;组织的工作须在平日进行,因为这里面包含有种种的实践上的训练,不是临时抱佛脚所能马虎办到的。民众救国运动的重要工作就在组织民众,在实践上训练民众。有很多人对于民众救国运动的概念,以为就只是聚集大众作示威运动。群众示威运动不能包括民众救国运动的一切,虽则它是这种运动在必要时的一种表现——只是一种表现。即就群众示威运动的本身说,它就是一种民众教育;这行动的本身就有很大的教育作用。这里面需要组织,需要领导,需要对于目标的深刻的认识,需要对于团结精神的涵养。这种种的教育作用不但给与了参加者一个检阅自己力量的机会和抗争的一切知识,而且这种行动的宣传,对于一般比较落后的群众方面比千篇文字的力量还要来得伟大。此外民众救国运动有无数的健全的小细胞,每个细胞对于国际大势及当前国难,都有经常的讨论研究,各细胞间的联系和纪律都有严格的规定和实践。这种细胞的充实和扩大,便是民众救国力量的充实和扩大,将来和军事力量联系起来,民力和军力打成一片,民心和军心结成一致,那便成了民族解放的中坚力量。

总之,民众救国运动含有组织民众训练民众教育民众,养成有组织有训练的集体的力量,是含有积极的意义的。这是现代国家的一个极重要的力量!

最后关于民众救国运动还有一点要注意的,便是这种运动要设法使大多数人参加,参加的人愈多,集体的力量愈伟大。当然,在有许多不了解民众运动的人看了,往往望而却步,自己不肯参加,反疑心少数热心的主持者是在包办,这种不幸的现象是极须补救的。

中国的立场

一

中国当前最重要的问题当然是中华民族的解放问题；但是中国是世界的一环，我们要使中国解放运动获得最后的胜利，不得不严密地注意世界大势，不得不尽量运用世界大势中有利于我们的各种条件。但是这里有一个非常重要的原则，那就是我们要站在中国的立场。所谓中国的立场，当然是以中国的利益为出发点。

我们对于中国内部，主张要全国团结起来，集中整个中国的一切力量，对付我们民族的最大的敌人。谁都知道侵略中国的并不止一个国家，但是用最残酷的手段，以最凶猛的姿态，要在短时期内置中国于死地的，在目前却只有一国。我们无所恨于这一国的民众，因为他们是受着本国侵略者的麻醉和压迫，他们自身也是同样的被压迫者；但是我们为着要拯救我们所托命的国家的生命，对于侵略我国最残酷最凶猛的这一国，不得不用全副精神来对付，这是站在中国的立场所应该这样的。因为我们要集中对付我们民族的最大的敌人，因为我们不愿有其他枝节来分散这个集中的力量，也就是因为我们不愿有人破坏或减少这种对准目标的救国力量，所以对于那些高唱打倒一切帝国主义，或类乎这样有意转移国人视线的主张，都要坚决地反对。

我们对于国际的态度，也应该同样坚决地站在中国的立场。现在世界是侵略与和平运动的两大阵营；我们站在中国的立场，还是加入那一方面是比较最有利益呢？这是很值得我们考虑的问题。如果站在中国的立场来看，加入侵略阵营是于中国的解放运动有利的，我们不妨毅然决然加入侵略阵营；反过来说，如果站在中国的立场来看，加入和平运动是于中国的解放运动有利的，我们也应该毅然决然加入和平阵营。总之，我们要站在中国的立场来看，要站在中国的立场来替我们自己下判断。

当然，我们所谓中国的利益，是指中国的独立自由，并不是要步武装侵略的国家去侵略别人。在目前我们固然没有力量去侵略别人,就是将来有了力量,我们也不愿干这样的勾当。

二

闲话少说,我们且回转来再谈谈上面所提出的侵略与和平的两大阵营。我们知道德国和意大利有勾结,日本和德国有勾结;这三个法西斯国家的联合战线,是和世界和平有着重大的影响,这是谁也不能否认的。我们自己的民族五年来所遭到的特别惨酷的苦痛,以及今后的大难,这是用不着我们多说的。侵略阵营要求世界殖民地的重新分割,不惜用战争来达到他们侵略的目的,这在我们处在"分割"之列的"弱小民族"是否应该加入他们的阵营,还有什么疑问吗?

也许有人说参加世界和平运动的国家,也各为着他们自己的利益,例如战胜国的英法要维持现状,苏联要保全他们的经济建设,都是显明的例子。我们不否认各国含有为着本国利益的动机,但是我们所要注意的是这种运动是否有利于我们的中国。倘若有利于我们的中国,虽同时有利于英法苏,我们也不必因此而有所踌躇。我们的赞成世界和平运动,目的是在反侵略。反侵略是要靠我们自己的奋斗,用自己的力量打出一条生路，这是无疑的，但是同时能尽力使和平主义者在各国抬头，于我们的制裁当前的侵略，是有着有利的成分，却是很明显的事实。所以我们要加入世界的和平阵营，并不是要抛弃自己的奋斗而去倚赖别人，也不是有所偏于英国、法国、苏联、或其他参加世界和平运动的国家，却是站在中国的立场，在中华民族解放斗争的过程中，争取友军的一种策略。就在寻常个人的关系说，有人要找个互助的朋友，我们便断定他自己不要努力，或甚至疑他不要做人，这是合于情理的事情吗？简单说起来，我们自己要靠自己努力是一事，运用国际大势，联络友军又是一事，这两方面并不至于相淆，更不必混为一谈；什么事有益于那一国是一事，什么事有益于中国又是一事，我们只要问这事是否有益于中国，如有益于中国而同时却也有益于别国，我们就武断这是为着别国而置中国的利益于不顾，这是讲得通吗？

三

此外还有一种误解，以为参加世界和平运动的便是等于不抵抗主义，不准备和侵略者战争。其实世界的真正和平就在用集体的力量来制裁侵略的行为；我们所反对的是侵略的战争，而不是争取世界和平的战争。参加世界和平运动的各国，它们的当局对于和平的意义，也许各有其想法，但真正的和平运动在各国民众间的抬头，无疑地是要给侵略者以一种严重的威胁。国际和平运动会派到中国来的达德君，即声明该会一方面鉴于侵略国视条约义务如无睹，所以"遵守条约义务"列为原则之一；一方面鉴于中国受压迫的事实，所以在该原则中加入"中国得保留其修改不平等条约的权利"。我们并不是说仅仅有该会同情于中国的修改不平等条约，这件事就可不必有我们自己的斗争而可以坐享其成。我们绝对没有这意思！我们一方面当然自己要加紧努力，一方面却也欢迎中国的朋友替我们宣传，替我们增加国际上的声援的力量。

伦敦《泰晤士报》最近评论希特勒在德国纽伦堡痛骂到世界和平运动的演说，该报社论有这几句话："这次演说的用意是在反对法俄两国的《互助公约》，自属毫无疑义。但是在现在的形势之下，凡附近德国的各国都订有这类条约，要它们放弃，实在是不可能的；可是倘若欧洲的问题能得到一般解决的方案，使各国所缔结的同盟条约都失去它们的目标,那放弃条约不但可能,而且还是可喜的事情;不过这非等到促成这类条约的原因完全扫除,是不可能的。"这是英国人站在英国的立场说的。我们中国人站在中国的立场,也可以主张世界若要真正得到和平,必须扫除扰乱世界和平的原因,也就是必须制裁侵略者的扰乱。侵略我们的国家尽管也在高唱着"东亚和平",它在实际上的行为是在扰乱"东亚和平",这是天下所共见的。我们不能因为他们也在唱着"和平",便不敢参加世界和平运动,因为世界的和平阵营正是和侵略阵营对立着,我们站在中国的立场,应该加入和侵略阵营敌对的方面。我们这样做,不是为着任何别的国家,是为着中华民族争取独立自由而做的,虽则我们对于反侵略的努力,间接也是有裨于世界的真正和平。

沉痛的回顾与光明的展望

一

在本期的本刊呈现于读者诸君前面的时候，全国同胞所痛心的"九一八"五周年纪念即在目前了。我记得在"九一八"事变刚要发生的前夕，黄任之先生从日本视察归来，据他在日本所亲闻亲见的情形，认为日本对于东三省是必然地要在短时期内掠取的。他回国后曾经为着这件事情，亲往首都去告诉我国的外交当局，而这位外交当局在当时却不肯相信，说日本无论怎样，绝不敢那样冒天下之大不韪的。但是后来事实上的表现是完全证明了他的糊涂。

东三省于敌人不费一点力量，很迅速地沦亡之后，有些人还存着苟安的心理，希望对方满足欲望，不再续进了。但是在这种幻想中，热河随着东三省的命运而丧失。这个时候，还有些人希望能保全长城以南的国土，长城以北国土的沦丧并不能唤醒他们的迷梦。于是随着东四省的惨祸，华北和华南都在作进一步的俎上肉，陷入任人宰割的惨况。自"九一八"国难发生以来的五年里面，我们的国家的被侵略，是无时无刻不在那里得寸进尺地扩大，现在已到了宰割全国的严重阶段了。军事侵略和经济侵略兼程并进着。摧残整个中国经济的"走私"，便是在武装保护之下实行的，这不是很明显的例子吗？在全国上下闹着"缉私"问题的时候，华北对于堆积如山的私货，竟异想天开，对于这种私货征收一种仅等于现行关税率八分之一的特税，使违法的私货一变而为合法的商品，可以通行全国，使走私的毒害更迅速地安稳地传播到全国；同时无异奖励经营私货的奸商，增加汉奸的势力。实业家穆藕初先生对这件事有过很沉痛的通电，说这样是把"国家命脉，国民生计，完全断送"。记者执笔写这篇文的时候，"所谓冀察稽查处"已公然宣布成立了！

其实"走私"只是一件事，整个的"国家命脉"已在"断送"和抢救的紧要关头！据中央社的东京电讯，说日人现信与中国解决种种问题的有效办法，只有武力，甚至有提倡什么"保障占领"的"理论"，这不是要把他们的武力统治整个中国的前奏吗？据《密勒氏评论报》最近所记载，日人要求在中国的西部和西北部各省的各个主要城市，都要设立领署，各领署都须驻有日警和军官。中国的西部和西北是比较地距离他们的直接势力远一些，但是这种处心积虑的布置，显然是以整个中国为对象，那是不待解释而自明的。"九一八"事变的导演者土肥原曾说过几句很坦白的话，他说要使华北的"自治运动"推广到全中国！

中国当前所遇着的严重问题不是争意气争面子的问题，是整个中国的生死存亡的问题，是整个民族的每一个人要自拔于奴隶惨境的问题。这是我们做中国人的每一个人在这"九一八"国难五周年纪念所要真切认识的现实！必须大多数人都有这样的真切的认识，然后才能有团结御侮的决心与事实的表现。

二

我们一方面很沉痛地回想到这五年来的国难一天天严重起来，被侵略的范围一天天扩大起来，但是在另一方面，我们也无所用其消极与悲观，因为光明的前途已向着我们招手,我们所要努力奋斗的是要全国团结起来,朝着这光明的前途迈进!

这光明的前途不是我们聊以自慰的幻想,是有着铁的事实呈露于我们的眼前的。讲到国内方面,侵略者在灭亡整个中国以前,绝对没有"适可而止"的可能,这是五年来的事实教训。虽然这种教训的代价是太惨酷的,但这教训已深入于每一个不愿做亡国奴者的心坎,却是谁也不能否认的。侵略者既以整个的中国为对象,中国要自拔于这种悲惨的浩劫,必然地要用整个的中国力量来对付:这不是什么高深的理论,也不是任何人所能凭空制造的说法,却是客观的现实所唤起的全国民众的一致要求。这种要求最近已一天天有着事实上的进展了。渐渐地已有多数人明白要拯救这垂危的中国,不是任何阶层所能包办,不是任何少数人所能包办,不仅仅是军事的力量所能有效,不是少数人的努力所能有效,必须团结全国的人力物力,放弃以前的一切成见,联合起来,共同努力。

当然,关于团结御侮,目前的情形仍然不能使我们满意,我们还要积极努力使这个伟大的运动更充实更扩大起来。

立法院长孙科氏最近发表谈话,表示政府将大赦政治犯，这是在全国民众要求团结御侮声中的一个好消息，我们希望政府能迅速地切实地执行。前在福建设立"人民政府"的李济深陈铭枢诸氏最近都由政府取消通缉，其他的政治犯应当更易得到特赦了。此外广西问题的和平解决，在我们民众看来，中央当局应该和广西领袖都一致对外，迅速促成团结御侮的实现，否则也未必能得到真正的统一，在广西所发动的抗敌救国的号召也不免变为空谈了。最后我们就民众的立场说，一般国民鉴于外患的急迫，一致反对内战，反对中国人残杀中国人，主张大家把一切旧仇宿怨（倘若有的话），抛到九霄云外，团结起来共赴国难；这种共同的心愿，已一天天普遍起来，渐渐成为强有力的舆论了。

讲到国际方面，反对侵略战争的怒潮已成为世界大势所趋的一个重要象征。这个重要象征，凡是在稍稍注意国际情形的人们，是用不着多所解释的。美国于八月下旬有反对团体一百万人的代表团要求美国总统停止扩充军备，缔结世界和平条约。记者去年在美国游历时，亲见他们的数千万青年参加反侵略战争运动的热烈，使人感到美国历史上最光荣的一页即将呈现出来；苏联和法兰西等国人民阵线反对侵略战争运动的激进，是诸君所熟闻的。我正在写这篇文的时候,听说英国工团大会也在讨论组织人民阵线的办法。世界和平运动大会最近在比京[1]开会,参加者有四十国的民众代表三千余人,闭会宣言有这几句很精要的话语:"各国的人民,务必以斗士的精神,维护和平……倘有一国违反国际法而从事侵略,因而破坏世界的和平,那末我们把它看作唯一的敌人。"

中国对于世界和平,也负有一部分很重要的责任;这个责任就是要在事实上"以斗士的精神",以整个民族的集体的"斗士的精神",制裁危害我们民族的生存而同时也就在扰乱和平的侵略者。这在一方面,固然是四万五千万的人民所组成的伟大民族,对于自己以及对于世界所应毅然决然担负起来的历史使命;在另一方面,这种使命的执行,也是响应着世界大势的正确倾向,有着无数的友军。这是我们所要深切认识的,要用团结御侮的努力向前争取的。

---

[1] 比京是比利时首都的意思。——编者注

侵略与和平

太平洋学会第六届会议自八月十五日起在美国加利福尼亚州的玉斯美举行，已于三十日闭幕。关于这个会议，伏生先生在本刊第十二期里有一篇《太平洋学会中的太平洋问题》，有很扼要的评述，想诸君都已看过了。关于这个会议，我们所特别注意的当然是有关中国的问题——其实我们也可以说中国问题是太平洋问题的中心。中国的代表胡适先生在这个会议席上揭穿"日本最后的目标，显然要在政治上完全控制中国"，表示"中国民族现已抱定决心，誓必奋斗到底，以维护本国的生存"。我们常觉得以胡先生在国际上的声誉（我在各国游历的时候，每和他们的学术界人物晤谈，多问起胡先生），应该替祖国的解放问题在国际方面做些积极的工夫，而每以胡先生一向徒作"长他人的威风"的妥协论调为憾事，这一次对于胡先生的为国贤劳，不胜欣慰，希望他继续为祖国的解放努力。日本的代表芳泽谦吉对于侵略的掩护,虽用种种诡辩,但是所谓"欲盖弥彰",无法自圆其说。中国的领土东北四省是怎样失去的?华北的伪自治运动是那里来的?华南的捣乱是何存心?这都不是可以用一手掩尽天下人的眼睛的铁一般的事实,但是芳泽却在会场上公开宣言:"日本并未阻碍中国的统一!"在这种状况之下,他主张:"最好由中国改变态度而与日本合作!"至于他又拿出那套对国际宣传的老调,说:"日本向华发展,是由于人口膨胀的缘故。"这不过是帝国主义侵略的滥调,伏生先生那篇文里已根据事实作直截了当的驳复,我们在这里不多说了。不过我们所不要忘却的是芳泽很坦白地告诉我们,"日本向华发展"是"势在必行的"。英美苏三国代表曾于圆桌会议和会外谈话间,向日本代表多方诘问,想使日本代表说出要在亚洲发展的限度,日本代表不愿表示。其实这倒可以无须表示而自明的。

太平洋学会会议是由参加的各国上层分子组成的,他们只是少数名流学者的随便谈话,虽在直接间接方面未尝没有暴露侵略者面目的效用,但是并没有民众的集体力量做后盾的实际行动。讲到这一点,更值得我们注意的是九月三日至六日在比京举行的世界和平大会。关于这个会议的内容,在本刊第十二期里达德先生写给本刊的一封信,已略露端倪。这个会议最重要的一点是要集合全世界的拥护和平的一切民众力量,制裁侵略的战争。这大会包含全世界人民大众的组织,因为各国工会等等民众团体推出代表参加,后面都有着数十万数百万的民众做背景。因为有这样伟大的民众力量做基础,所以不仅不是像太平洋学会那样随便谈谈算数,并且是一种行动的组织。在大会开幕以前的两三个月里面,各国的"发起委员会"已动员大量的民众,开始大规模的反战行动。英国工会领袖,法国总工会领袖,西班牙总工会领袖,苏联总工会领袖以及墨西哥、古巴等十余国工会代表,都联合发表宣言,吁请全世界各国劳工大众积极参加世界和平大会。这次参加比京大会的有四十几国代表、三千余人出席。他们要在这次大会后,更力谋扩大这个制裁侵略的和平运动。曾经写信给本刊的达德先生,听说不久还要再到中国来组织中国的分会。坚决反对侵略的中国民众,无疑地是要竭诚欢迎并赞助这个制裁侵略的和平运动。

谈起主持这次世界和平大会的机关——国际和平运动会(International Peace Campaign)——它的缘起却很有意

思。这个国际和平运动会是脱胎于去年在英国举行的名震一时的"和平投票"(Peace Ballot),最主要的发起人是英国薛西尔勋爵(Lord Robert Cecil)。当时意大利侵略阿比西尼亚正在尖锐化,这个"和平投票"是要使英国民众对于国联和集体安全表示统一的舆论。自动参加这种"和平投票"的工人达一千二百万人之多。去年十二月英国政府不得不搁置对意国妥协的霍尔拉伐尔的牺牲阿国的方案,这个广大的民众力量,也是一个重要的因素。倡导这个"和平投票"的人们看到民众集体力量的伟大,想把这个运动的范围推广到全世界,于是集合英国拥护和平的各种力量,和法国的民众力量发生联系。法国的急进社会党、社会党、和共产党的党员,以及法国的总工会代表回答以热烈的响应。这样一来,在今年三月以后,由于各方面的努力,已使这个运动有着长足的发展。各国"发起委员会"于今年六月十二日至十三日在巴黎举行发起会议,开会后举行盛大的巴黎市民大会,欢迎各国代表,参加者有各种社团和各政党的代表,共达二万五千人。

我们知道在东西两个侵略国横行无忌的时候,帝国主义者不愿忠实执行《国联盟约》所规定的集体义务,以厉行制裁侵略国,现在反而要籍口《国联盟约》的无用,准备取消《盟约》第十六条的制裁的规定。这次世界和平大会在比京开会,就要动员全世界的民众的力量,揭破侵略主义的阴谋,扩大世界和平的运动。中国也有两位代表参加。一位是大众教育家陶行知先生,一位是经济学家钱俊瑞先生。我们希望两位先生一方面把中国民众反抗侵略的真正意旨宣布于世界各国民众,一方面把世界各国民众反侵略战的伟大精神带回中国来。

当然,中华民族解放的最后成功是要靠整个中华民族自身的努力奋斗,并不是可以依靠别人的同情乃至赞助所能见效的。我们拥护世界和平,正是要努力使我们自己也来参加反侵略的工作,是积极的,绝对不是消极地坐待别人来帮助我们。前者是把我们对于民族解放的努力,和参加世界和平运动的努力联系起来;后者便是没出息的倚赖性,这两方面是不可混杂而谈的。

最近世界的趋势是侵略与和平的尖锐的对立。和平的反面是战争,是侵略的战争。要得到世界的和平,有许多人觉得这是要靠实力来对付的,不是手无寸铁的民众的反对宣传所能济事的,这是一个很大的误解。我们诚然不能抹煞实力的效用,但是从另一方面想,实力是什么?最直接的是海陆空军等等的武器。可是这些武器是要靠人来制造的,是要靠人来运用的。这仍然不能和人脱离关系,当国联用武力干涉俄国革命的时候,国际联军所以终于失败,固然由于当时俄国军民的英勇抗战,一部分也由于参战各国勤劳大众反对本国的侵略。这种历史的教训,是任何人所不能否认的。

中国是世界的一环。中国的解放运动是不能和世界的大势隔离的。所以我们一方面要自己努力奋斗,一方面却也要和世界的反侵略的力量发生密切的联系。最近我国对于国际的这类集会都有得力的代表参加,这是一件很可以欣慰的事情。

侵略与和平,我们应该站在那一方面的阵线:中国民众的答案,是可以从最近中国民众的活动表现出来的。

回到了学校

光阴似箭，许多青年朋友如今过完了暑假，又回到学校了。社会是个广义的学校，青年朋友们在这刚过去的暑假里，虽暂时离开了狭义的学校，却到过广义的学校里视察了不少的现实的情形。我们由许多刚从内地出来准备回学校的青年的谈话里面，可以看出他们在这短短暑期中所注意到的事实，无论是关于国家的问题，或是关于青年本身的问题，都有过冷静的检讨，和沉着的思考。

在这短短的暑期里面，华北的严重形势显然是愈趋尖锐化了。在中外各报上可以公开看到的是这里华北日领会议，那里日海军武官会议，还有日陆海外三省代表在天津开高级干部会议等等，那紧张的姿态是谁都看得出的。至于会议的具体内容，虽不是我们所得而知，但是即就公开看得到的报告，据说是要"进行所谓积极自主帝国外交，表面上虽不拘泥广田三原则，但闻川越将舍抽象而就实际，较之广田三原则实有过之而不无及"（华联社廿三日东京电）。此外我们在公开的消息里面，还可看到所谓"高级干部会议"一致通过的议案部门，有什么"华北政权监督实现明朗化"，"外交方针具体化"（可和"舍抽象而就实际"的话参看），"中日经济提携"，"非常时期适宜准备"，"陆、海、外、驻华机关互相呼应"等等。我们还要看什么内幕的方案吗？只要看了这几个题目，做的是什么文章，还有什么疑问吗？

在这样"磨刀霍霍"的紧张形势下，我们再看到了几个月来西南的局面，又要担心着中国是否可以避免内战惨祸的问题。全国人谁不知道？中国的力量就只是这一些，要怎样运用那力量，才能对于民族解放获得最大的结果呢？这的确是全国人民所悬系的一个重要问题，尤其是对救国特别热烈的青年们所注意的一个重要问题。

关于民生方面，使人感到农村破产的深刻化和水灾警报迭传的可虑。在政治比较上轨道的国家，有水灾是例外，没有水灾是常态。在我们中国，却适得其反！没有水灾是例外，有水灾却是常态！这种痛心的事实，我们可以视为"常态"而不想追究它的症结所在，加以挽救吗？关于各处农村破产的惨况，那更是暑期中由学校回到家乡的青年们所目击心伤的事实，说起来是一言难尽的。可是农村破产和内忧外患有着不可分离的联系，这不是仅就农村本身改善所能根本解决的。

在这种种令人无由自慰的环境中，也许稍稍能引起青年朋友们兴奋的，只有我国第一次派遣大批选手参加世界运动会的事情。中国的运动家第一次显身手于国际体育竞技的舞台上，这在中国的历史上不能不说是一件可纪念的事情。这次世界运动会自八月一日至十六日在德国柏林举行，吸引着全世界的注意，中国为这件事费去了二十万圆的旅款。但是，一方面固然值得兴奋，一方面却不要忘却我们只是饱吃鸭蛋而归。当然，我们用不着垂头丧气，我们要在失败中寻取教训，作为更向前努力的根据。

最后要谈到青年本身当前的几个问题。第一个要想到的也许就是求学的困难。能安然回到学校，踏进校门，算是很幸运的了；有些青年不知道自己犯了什么罪，糊里糊涂地被驱逐于校门之外。有些地方简直是整批地被驱逐出来，有冤无处伸，有苦无处诉！有些青年虽然勉强踏进了校门，学费是东借西凑得来的，怎样归还固然毫无把握，学费以外的用费怎样筹划也更属茫然。这种苦况是我们做过苦学生的人所能深刻感觉到的;如今苦学生遍地都是,这种苦况也就愈益普遍化了。就是那些比较幸运的青年,虽有父兄能暂时替他们辛勤安排好,但是家里经济的外强中干,是他们所心照不宣的。父兄对于他们求学用费的支持能勉强挨到什么时候,却是他们所不敢想的。经济困难还只是青年们所感到的困难的一部分。他们都是思想纯洁的青年,问心原无可愧,于求学之外,所耿耿于心的只是要在救国运动方面尽一点力量,但是,有时还不免遭受到出于他们意想以外的打击。

有些青年知道自己的在校求学是无法继续下去的,无论是由于经济的困难,或是由于莫名其妙的无妄之灾。于是他们便想寻觅职业。这又给他们一个很困难的问题。谁都知道,因市面的不景气,各种事业的萧条,要找得一个职业是一件非常困难的事情,尤其是初出茅庐的青年,缺乏办事的经验,碰壁的机会更多。据上海有一个成绩比较优良的职业指导所的统计,每日到该所登记的求职者平均有八九十人,而能介绍得业者仅占十分之一,那十分之九便都成了走头无路的人物!向来热心指导青年的前辈,总是口口声声教诲青年要怎样勤谨刻苦为社会服务,这就为社会服务的立场说,不能说是不对,但现在的实际困难却是无处找得职业,虽欲勤谨刻苦而也无从着手了!在这种地方,我们能尽怪青年吗?要想找个职业,苦于没有机会;要想入校求学,又苦于无法继续:这样进退维谷的青年,就我们所知道的,为数实已不少,在这样残酷的社会里,他们简直不知道有何去路!这是青年自己的咎过呢?还是另有负责的人应该引咎呢?也许有人会想到这当然不能归咎于青年,也不能归咎于任何个人,因为这是有关于整个的社会问题,不能怪任何个人的。这话在表面上看来似乎是言之成理的,但是社会是不能自动的,必须有人力来改造它,所以社会的不合理,人也不能卸责,尤其是负有比较重大责任的人们。

青年们的当前问题,除了求学和求职外,大概都要想到国难。他们想到国难,大概也容易连想到所受的军训,因为这似乎是入校的学生准备共赴国难的最有直接关联的一件事。他们所以要受军训当然是要准备参加为国抗敌作战,现在他们所受的军训已能使他们有了这样的能力吗?

这些大大小小的问题,我们知道都是在回到了学校的青年们的脑里盘桓着的。

青年诸君回到学校了,根据诸君在暑期中对于现实的视察，就所看到的现实的需要拿来和自己平日在学校里所学习的比较比较，一定可以看出所受的教育有没有什么缺陷，提出来供教育家的研究；同时也可就根据这种视察所得到的结论，替自己很缜密地定下未来的计划，作为继续努力的方案。

青年诸君回到学校了！我们竭诚敬祝诸君努力与进步！

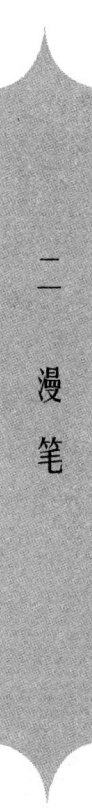

二 漫笔

世界的中国人

就量的方面说，在中国本国以外的世界上的中国人，总数达八百万人之多，这不能不算是一个巨大的数目。在欧洲最小的国家只有几千的人口（例如在法西边境的小共和国安多拉 Andorra，全国就只有人民五千人），固然比不上这"世界的中国人"，就是比利时或荷兰，每个国家的全国人口也不过八百万人，世界上的中国人的总数可抵他们全国的人口！这好像除了具有四万五千万人口的中华民国以外，还有一个具有八百万人口的"第二中华民国"在世界上屹然树立着。这个民族的潜伏的力量是很值得注意的。

除祖国外,几于布满全世界的中国人,他们分布的情形,据一九三五年的统计,大概如下:

地 名	人 数
暹罗	二,五〇〇,〇〇〇
英属马来群岛	一,七〇九,三九二
荷属东印度	一,二三二,六五〇
中国香港	八二五,六二五
安南	三八一,四一七
苏联(包括西比利亚)	二五一,五〇〇
缅甸	一九三,五九八
菲律宾	一一〇,五〇〇
中国澳门	一一九,八七五
北婆罗洲	七五,〇〇〇
美国	七四,九五三
中国台湾	四六,六九一
加拿大	四二,一〇〇
高丽	四一,三〇三
檀香山	二七,一七九

墨西哥	二五,〇〇〇
日本	二〇,〇七四
法国	一七,〇〇〇
澳洲	一五,五〇〇
印度	一五,〇〇〇
中美	九,四〇〇
英国	八,〇〇〇
荷兰	八,〇〇〇
土耳其	七,〇〇〇
印度洋群岛	五,〇〇〇
秘鲁	五,七〇四
南非洲	四,五〇〇
新西兰	二,八五四
委内瑞拉	二,八二六
智利	二,七〇〇
德国	一,八〇〇
葡萄牙	一,二〇〇
丹麦	九〇〇
巴西	八二〇

阿根廷	六〇〇
比利时	五五〇
意大利	二七四
瑞典	一四九
波兰	一三九

这统计只是一个大概,因为自从世界经济恐慌尖锐化之后,迁徙无定,被迫回国的尤多,时常有变动。但是从这里可以看出中国人最多的是在暹罗和南洋。这两处的总计,共达四百余万人,比全部八百万人的数量超出了一半。在西半球,中国人最多的是在美国,约有七万五千人,中国人在欧洲的比较少,就欧洲各国比较起来,以在法国的为最多,约有一万七千人;其次在英国,约有八千人。在波兰以下的各国,中国人很少,大概不过寥寥数人而已。

关于经济方面,据伦默氏(C. F. Remer)所调查,自一九〇二至一九一三年间,华侨每年平均汇款回国达一万五千万圆;自一九一四至一九三〇年间,华侨每年汇款回国达两万万圆!

我在上面提起八百万中国人布满了世界,足见这个民族的潜伏的力量。这样的感觉，尤其是因为看到中国人在世界各处的奋斗，不像别国的人有着充分的祖国的保护。他们都是靠着自己的力量。他们出国的时候，不是像那一班应该杀头的将军大官僚们，领着几十万的出洋费，堂而皇之地乘着头等舱至国外去享福，却是过着"猪仔"的极苦生活，千辛万苦偷偷摸摸去的。一不留神，就被什么移民局押到拘留所，陷入更深的地狱生活！我在海外遇着许多侨胞，他们谈起当初出去的情形，往往声泪俱下。

到了国外，他们过着极勤苦的生活。就是到了现在，你在美国可以看到在那个每遇星期日大家无不休息的日期，中国人的洗衣作还是一天到晚工作着，至于平日的夜以继日，那更是家常便饭。他们的这种吃苦耐劳的能力，在西洋人看来是认为异常惊异的。国内的人想起华侨，通常的观念是他们有钱，不知道他们的一些钱都是用血汗换来的。

同时因为具有这样的吃苦耐劳的能力而却得不到充分的祖国保护，于是更引起别国人的嫉忌，认为抢夺了他们的饭碗，随处受到他们的限制，甚至虐待。斩荆披棘的中国人眼见别国的侨民得到他们祖国的保护，所得的待遇便大两样，很自然地要引起他们对于祖国的怀念。我到各国每和侨胞谈话，无论他干的是什么事，无论他所干的事的大小，无论他的知识高低，总是充满着爱国的情绪，谈起祖国总是要感到万分浓厚的兴趣和深切的关心。当然，他们谈到祖国的不争气，丧权辱国的事件纷至沓来，也要攘臂挥拳，切齿痛恨。这不足怪，祖国政治的好坏，影响到他们在国外的生活，好像一枝测量气候的寒暑表。你无论到何处，他们和你谈起十九路军在淞沪英勇抗战的情形，真是热烈得什么似的！在那个时候，别国人看见我们的侨胞都要另眼相待，至少要和他多握一下手！报贩看见中国人向他买报，都要连声道贺，树起大姆指夸赞着中国人！在那个时候，中国人在马路上走路都要觉得格外舒服些！不仅是一些虚面子，荷属的爪哇当局经此一声霹雳，就赶紧把中国的几个"爱国犯"从牢狱中释放出来，世界的中国人对于祖国盼望的殷切，我实在没有适当的言语可以把它形容出来！

当然，中国倒霉，世界的中国人也随着倒霉。例如墨西哥的驱逐华侨，在我国丧失东北四省之后，墨西哥的政府和人民对于华侨都更轻视，虐待的程度也愈甚，排华的风气也更厉害起来了。这是在墨西哥备受痛苦的侨胞所深刻感到的。其实不但在墨西哥，在任何地方，世界的中国人都是随着中国的倒霉而愈益倒霉的。世界的中国人既和中国的休戚息息相关，所以他们对于中国的奋斗固然有着万分的关心，对于中国的腐化阶层卖国误国的人们，也是要痛心疾首怨恨彻骨的！

世界的中国人在已往是全靠着他们个人的挣扎而打出天下的，祖国对于他们只有万分的惭愧。但是时代不同了，仅仅靠着无组织的挣扎是终于要被淘汰的。世界的中国人，倘若没有健全的祖国做后盾，前途是很暗淡的。据我在海外和侨胞们接触的结果，知道他们对于这一点都有着深刻的了解。我深信祖国一旦发动民族解放的抗战，他们一定要作英勇的参加，烈热的拥护。

"第二中华民国"的光明前途是随着中华民国而俱来！我写到这里，敬为八百万的侨胞祝福！敬为八百万侨胞所怀念的祖国祝福！

事实上的三权

关于苏联新宪法草案的重要特点，我在《读苏联新宪法草案》那篇文里已有过大概的评述了。在那新宪法里，苏联公民所享受的基本权利不止三种，但是尤其使我们感到浓厚兴趣的是工作权，休息权，和教育权。这些新名词已够新奇，但是这些新奇的新名词倘若只不过是白纸黑字的东西，在纸面上说得堂皇冠冕，那也不值得怎样注意，可是这三种权利却的的确确是事实上的三权，在新宪法草案未发表以前，就已经在事实上办到了，这次新宪法草案里所规定的这三权，只是把事实写在纸上罢了。这是我前年从英国到苏联去考察时所目睹的事实，所以想在这里就记忆所及，提出一些来谈谈。

首先请先谈工作权。在任何其他国家里，教育的责任只是弄到你毕业，便算完事，至于你毕业后能否得到职业，这是你自己的事,好像和教育家毫不相干。在这情形之下,毕业后能不能得到一个啖饭地都毫无把握,至于你是否所用即为所学,那更没有人顾问了。诚然,在外国或在中国,我们都听见有"职业指导所"或"职业介绍所"这个东西,这种机关对于介绍职业虽也有一小部分办到,但对于求业者并不负有必须替你寻得职业的责任;在这闹着失业恐慌的时代,在许许多多求业者里面,能够介绍出去的只是少数中的少数。在苏联,他们并不是把毕业生推出校门以后便不再负什么责任。在学生将毕业的一年前,假使你是学重工业的,即由你的学校当局,重工业人民委员部,和你自己,共同商定你的职业,确定你毕业后的做事的位置。苏联人民对于研究学问的勤奋,这是任何游历过苏联的人所承认的。我觉得学了就一定有用这也是一个很重要的原因。这在他们认为是当然的,因为他们承认每个公民都有工作权。

其次请谈休息权。苏联几乎已普遍地采用了每日七时制,较繁重的工作已采用每日六时制。仅仅减少工作时间还不够,他们一方面并在积极增加种种设备,使人民在休息时间得到有益身心的娱乐。我在苏联考察所得的深刻印象,觉得他们在工作的时候,无论是工厂里的工人或学校里的学生都是兴会淋漓地干，非常勤奋地干，但是同时政府却替人民设备种种的正当娱乐机关，使人民在工余的时候，也兴会淋漓地玩，非常勤奋地玩！他们每五天有个休息日，在这一天你可以看到成群结队的民众有的参观各种博物院，有的游山，有的在湖里游艇，有的在山麓绿茵上跳舞歌唱，有的在大规模的文化休养公园里游散，从事于各种各样的健身运动。各戏院，各电影院，各名胜，都成了民众的娱乐地。不但成人，就是儿童，也有特为他们设备的戏院和电影院等等的娱乐处所。除每五日一次的全日休息外，每日工余也有种种娱乐的设备。你在傍晚，到那里的公园里去，可以看到几十对或几百对健康快乐的男女在公园里露天跳舞场上跳舞。有的是集体舞，有的是双人舞。这些都是白天努力工作的男女公民，工余自由来娱乐的，当然没有以营业为目的的"舞女"。这种种娱乐，有些在各国也是有的，不同之点是在其他地方，只有少数人享得到，在苏联却是大众所共同享得到的。此外，工作者无论是工人或是职员，每年除休息日外，还有一星期到一个月的例假，依工作的辛苦，成绩的优劣而定，在例假期中，不但工薪照给，工作成绩特优者还可免费旅行或送到名胜的休养院去休养！全国各名胜都布满了休养院（他们称为 rest home），给大众免费休养！我在苏联的时候，参观了不少这种休养院。所以他们的所谓休息权，并不是一句抽象的空话，却是实践的记载。

最后我们要谈到教育权。就其他各国的情形说，做家长的人对于子弟教育费的担负，大概都是一件很苦的事情，尤其是收入少的人们。子女在小学时代，父母的担负还轻些，到中学时代已较重，到大学时代就更重，显然只是少数中的少数家长所能勉强担负的。你能受到多少教育，就全视你的父母有多少收入，收入不一定，你的教育也就毫无把握。在苏联的实际情形却不是这样。他们的小学中学及大学都是免费的，但是在小学中学时代，衣食住及零用等还由父母供给，做父母的还不能完全脱卸护养的责任。到了大学，学生的费用比较的大些，依别国的情形，父母的担负也比较的增加起来，在苏联对于大学生却有国家津贴的办法。年级愈高，津贴也随着增加；成绩愈优，津贴也酌量增加。大概大学初年级学生每月可得津贴一百罗布左右，以后依年级递增，最高的可得津贴二百罗布左右。他们完全可以自顾，做父母的完全可以不负责了。研究院里的学生每月津贴有到三四百罗布的。他们对于大众的教育积极推广和提高，如不这样给人以便利,大多数民众的子女便没有机会受到高深的教育。除大学外,各工厂里的艺徒学校和工人升学预备科等等,不但免费,也还有相当的津贴。在苏联,只要你要学,肯学,就不怕没有受教育的机会。所以他们所谓教育权,也不是一句装饰门面的话语,也是在事实上已经办到的事情。

理论和实践的统一

理论和实践是统一的,总是分不开的。换句话说,一个人所承认的理论和他的行为之间有必然的关系。这并不是说一个人的实践不会和他的理论发生矛盾,却是说倘若这两面有了矛盾,必有一个理由,而这个理由却是和实践有着密切关系的。最简明的例子是说谎。倘若我说我未曾做某事,而在实际上我却做了,那末我的理论和行动之间显然便发生了矛盾。但是为什么有这样的矛盾?这里面便有着它的理由,而这个理由却是和他的实践有着密切关系的,不是理论的,任何有意的说谎,总有一个为什么要这样说谎的实际的理由。有的时候,说谎是出于无意的,说出的话不但欺骗了别人,同时也欺骗了自己,通常叫做"自欺"。"自欺"当然不是出于有意或心里知道,却是由于不知不觉中受着自己成见的影响,受着潜伏着真正的动机所影响。这种毛病,常人是很容易犯的。例如我们常常可以看到人们对于他们所本来讨厌的人，评判得特别苛刻。他们自以为是在说老实话，而在旁观者清的我们，却知道他们的偏见是受着他们对于这个人的厌恶心理所影响，而他们的这个厌恶心理却是有着实际的理由，不是理论的。所以理论和实践的联系并不是说理论和实践是能彼此融合的，却是说这两面有着必然的关系；倘若这两方面发生矛盾的时候，必然都有着实际的理由。换句话说，理论常为实践所决定。

这样看来，一个人自己在嘴吧上承认的所信仰的东西，未见得就是真正信仰的东西，甚至有许多人自己还莫明其妙，不觉得自己是在欺骗自己！但是遇着这样的情形，我们怎样能判断这个人究竟真正信仰什么呢？我们不能根据他所说的或是他所想的，必须观察他在行动上所表现的是什么。我们如看见任何人的行动和他所自认的信仰矛盾，便立刻可以判断他并非真正信仰他所自认的原则。你如要知道他真正信仰什么，你必须研究他的行动上的表现，不能仅靠研究他说些什么或想些什么。

这个原则似乎是很简单明了，人人可以同意的。但是我们如把这个基本原则应用于实际，便有很重要的意义。例如我们对于任何政党，或任何集团，或任何个人，不能仅看了他们嘴吧上所承认的党纲或理想，便相信它是真确的，必须坚持地把他们所自认的理论和他们在行动上的表现比较比较。你如果要知道一个政党究竟代表了什么，你必须很不怕麻烦地仔细研究它在行动上的表现究竟是什么。例如有自命什么主义的政党，我们仔细研究它在行动上的表现不但不能实现它所标榜的主义，而且是反而要阻碍这个主义的成功，那末我们便可断言这个政党不是这样主义的政党。不但如此，我们发现理论实践不符的时候，还要研究这里面所潜伏着的实际的理由。你并且可以发现这个实际的理由总是含着有欺骗的作用，无论是出于有意的，自觉的，或是出于无意的、不自觉的。因为决定这个政党的行动是有它的真正的动机，不是该党所承认的动机，无论这真正的动机是否主持该党者所自觉，但是对于一般人是具有欺骗的作用却是一样的。行动既然决定理论，我们要信任任何政党，我们所要注意的不是他们说要做什么，或想要做什么，却是在实际上他们做什么。不但我们对于任何政党要这样，对于任何集团或个人的观察，都应注意这基本的原则。

实践决定理论，真正的理论也有着领导行动的功用。所谓真正的动机,和仅在表面上标榜着而实际和实践不符的理论或动机不同,是指具有领导实际行动的理论或动机,虽则在行动者的本人有的是自觉,有的是不自觉的。倘若一个人不知道他的真正的动机所在,那末他的行动是盲目的,盲目的行动有着很大的危险性,因为理论是实践的眼睛。所以我们需要一个正确的理论来做行动的基础,同时要使实践和理论融合起来。

真　理

真理永久是具体的，不是抽象的，这句话初听似乎颇不易懂，因为我们想起"真理"这个东西来，第一个印象便容易连系到抽象，觉得真理和具体并没有连在一块的必要。例如现在有些人跟着人喊"礼义廉耻"，以为这是真理，是"行之百世而不惑，施诸四海而皆准"的原则，原则给我们的第一印象便是抽象的，不必有具体的联系。

可是凭空问我们该不该有"礼义廉耻"，这个问句却不很容易回答，照一般人看来，这个问句的答案应是毫无疑虑的"是"。因为就抽象的原则说，谁敢说一个人不该有礼貌，不该有义气，不该廉洁，不该知耻？但是倘若我们问一问中国在当前是在什么时代，是在怎样的境地，以及所谓"礼义廉耻"的具体内容究竟是什么，便大有研究的余地，不是含糊的概括的"是"或"否"的答语所能回答的。中国当前是在受着民族敌人的疯狂的侵略和民族危机迫在眉睫的时代，全国大众所急迫要求解决的大问题是集中火力立刻发动民族解放斗争的问题，在这样严重形势之下，土地一天天被敌人不费力地宰割，人民一天天被敌人无限制地蹂躏，在平日升平世界所无妨从容高谈的"礼义廉耻"，在这个时候和这个境地便不该再那样从容高谈着。况且就是讲义讲耻罢，在此时此地应讲的义，应讲的耻，应该是不容坐视民族的沦亡和人民的遭受摧残，否则便是大不义；最无耻！而在事实上所提倡的所谓"礼义廉耻"却是在民不聊生的时候叫你怎样要端正帽子，扭好扭扣，见面要问声"你好"的玩意儿！可见仅就抽象方面空谈什么"礼义廉耻"，是得不到正确的判断，一加上具体的研究，便可了如指掌了。

在西欧各国游历的时候，看到中国人在国外的情形，使人感觉到我国人不修边幅的习惯随处可见。例如你在那里的街车上遇着的外国人可以看见他们总是头发修得整整齐齐，胡子刮得光光的，但往往可以遇到中国的乘客胡子留得"荆棘满地"，蓬着一头显然一两个月不剪的头发。外国人见着中国人的一举一动，往往就看作中国人的代表型，认为凡是中国人都是一样，所以看见几个人不修边幅，便以为凡是

"柴纳门"都是不修边幅的。中国人的不修边幅，还有人认为是可以傲人的名士派的丰采，在西洋人却认为这是龌龊的表现，野蛮的象征。你在伦敦街道上看见双手捧着火柴盘的叫化子，也可以看到他也尽力使衣服刷得干干净净，皮鞋刷得光溜漆黑，头发梳得光溜溜，胡子刮得精光。我们因知道有着这样基本观念的差异，我们在国外游历的人，想到中国人在外的体面，总希望在国外的我们的同胞不要给人轻视，对于衣冠整洁，对嘴吧上和头顶上的几根东西多费些工夫铲除铲除。

一个人该不该修边幅？倘若我们不把"龌龊"认为可以使自己和别人感到愉快的东西，这问句的答案无疑地是个"是"，但是说来奇怪，近来在欧洲你可以遇到思想比较前进的人们，对于过分讲究边幅的习惯已引起了多少的反感。这并不是说他们赞成蓬首垢面的中国名士派的龌龊习惯，却是因为在他们的社会里过分讲究边幅的习惯含有不同阶层的意识形态，所以热心变革运动的人们对于这种过分的习惯无意中引起了反感。例如他们看戏坐前排的一定要穿礼服，到讲究餐馆里晚餐的一定也要穿礼服，种种繁文缛节，都不过是那些特权阶层玩的把戏，使平民阶层隔离开来，造成社会上不平等的现象。因此你可以看到他们里面思想比较前进的人们,对这些像煞有介事的摆臭架子的举动,亦有厌恶鄙弃的心理。这种情形,也不是抽象的原则所能解释的,也是要就他们所属的时代和境地的具体条件才能解释的。

个人的美德

有一位老前辈在某机关里办事,因为他的事务忙,那机关里替他备了一辆汽车,任他使用。有一天他对我说,他想念到中国有许多苦人,在饿寒中过可怜的日子,觉得非常难过,已把汽车取消,不再乘坐了。我问他什么用意,他说改造社会,要以身作则,他这样做是要把自己的俭苦来感化别人的。我说我很怀疑这种"感化"的实效究竟有多少,因为许多"苦人"根本就坐不起汽车,用不着你去感化;至于上海滩上的富翁阔少,买办官僚,决不会因为你老不坐汽车,他们也把汽车取消。就是我这样出门只能乘乘电车,或有的地方没有电车可乘,因为要赶快,不得不忍心坐上把人当牛马的黄包车,也无法领略你老的"感化"作用。他听了没有话说。

就一般说,这位老前辈算是有着他的个人的美德,但他要想把这"个人的美德"的"感化"作用来"改造社会",便发生我在上面所说的困难了。他真正要想改造社会,便应该努力促成一种社会环境,使白坐汽车的剥削者群无法存在,劳苦大众在需要时都有汽车可坐,这才是根本的办法;但是这种合理的社会环境是要靠集体的力量实际斗争得来的,绝不是像"取消汽车,不再乘坐"的"个人的美德"所能由"感化"而造成的。

有人羡称列宁从革命时代到他握着政权以后,只有着一件陈旧破烂的呢大衣,连一件新大衣都没有,叹为绝无仅有的个人的美德,好像想学列宁的人只须学他始终穿着一件破旧的大衣便行!其实列宁并非有意穿上一件破旧的大衣来"感化"什么人,他的伟大是在能领导大众为着大众革命,在努力革命中忘却了自己的衣服享用,恰恰是无意中始终穿着一件破旧的大衣,倘若不注意他为解放大众所积极进行的工作,而仅仅有意于什么个人美德的感化作用,那就等于上面那位老前辈的感化论了。无疑地列宁绝不是要提倡穿着破旧的大衣,他所领导的革命成功之后,劳苦大众不但无须穿着破旧的大衣,而且因为社会主义建设的着着成功,大家还都得穿上新的好的大衣!

我在德国的时候,听见有人不绝口地称赞希特勒的俭德,说他薪俸都不要,把它归还到国库里。我觉得他的重要任务是所行的政策能否解决德国人民的经济问题,是否有益于德国的大众,倒不在乎他个人的薪俸的收下或归还。老实说,像我们全靠一些薪俸来养家活命的人们,便无从领受这样"个人的美德"的"感化"。

我们的意思,当然不是反对个人的美德,更不是说奢侈贪污之有裨于社会,不过鉴于有一班人夸大"个人的美德"对于改造社会的效用,反而忽略或有意模糊对于改造现实所需要的积极的斗争。

事实的表现

事实胜雄辩，因为只有事实的表现是最无可逃避的证据。

各国的政党，除真正由大众做中心的政党外，你如拜读他们的党纲，宣言以及他们的"领袖"的公开演说，未尝不是为国为民，说得娓娓动听，但试按他们在事实上的表现，所"为"的是谁的"国"，所"为"的是什么"民"，就要露出狐狸的尾巴了。例如英国的劳工党的领袖们在嘴巴上唱着"社会主义"，实际上却采用妥协的途径，欺骗群众的方法，事实上的表现便是很可笑的。他们秉政的时候，孜孜矻矻的是如何减削失业救济金（他们所谓dole），如何减削工资，和如何压迫工人反抗的几件大事！（在《萍踪寄语》第一集里有较详的论述。）关于他们的"德政"，还有一件小事也颇有趣。伦敦密布地下的地道车原来是由七个公司"割据"着的，他们心血来潮，想起了有计划的经济统制是"社会主义"的精髓，要把这些地道车"统制"一下，把七个公司合并起来，叫七个公司原来的股东把股票交还，重新发给一个总公司的股票，由市政府派一个大员做总经理，积极实行"合理化"！结果，原来在七个公司里做工的职工在某一公司失了业，还可到另一个公司去混饭吃，又因各公司的对立与竞争，罢工的效力也大些，这样一来，职工们只有一条路走，除"埋头听榨"外，要想奋斗，比前更难了！而老板们却可因统一的"合理化"而沾光不少。所以"社会主义"其名，而"法西斯化"其实，但是我们如注意他们事实上的表现，便不致受他们的欺骗。其实帝国主义的国家对内榨取劳工大众的骨髓，对外榨取殖民地和半殖民地大众的膏血；这是事实上的表现，他们在表面上尽管说得怎样冠冕堂皇，是没有用的。

　　苏联是含有百余种民族的国家，在帝俄时代有许多民族是遭受着种种压迫。我在苏联视察的时候，特别注意他们对于这些从前遭受压迫的民族，现在在事实上的表现怎样。我因为偕同美国学生旅行团参加过莫斯科暑期大学，认识不少苏联的学生，其中有许多是属于从前被压迫的民族的，常和他们在私人房间里密谈到这个问题。他们认为在享受教育的种种权利上，在参加政治的权利上，在享受经济的种种权利上，各民族都是一律平等，找不出有什么两样，有的只是在他们的特别落后的民族里，社会事业的建设费，文化的推广费，特别比别处加多些。我后来到苏联中部南部看到的种种事实（以后当陆续详谈），知道他们的话不错。例如苏联的各大学不但免费，而且按月有津贴，我问过许多学生，不管他们是属于那一民族，都受同样的待遇。又例如在各工厂里所见，厂长和工程师的重要位置，也有不少是出身于从前被压迫民族的。在各地方的政治机关里，也有同一的现象。这种事实的表现其实也不足奇，因为帝国主义的榨取是发源于资本主义榨取制度的存在，在榨取制度不存在的社会里，也就是在社会主义的社会里，"帝国主义"这个宝贝根本没有存在的余地了（这当然不仅指苏联，在任何社会主义的国家都是这样）。

大众的军人

本刊很荣幸地登载过两位曾为民族解放英勇抗战的名将的文章。一位是马占山将军,他那篇文章的题目是《我的御侮经验与认识》(见本刊第七期);一位是翁照垣将军,他那篇文章的题目是《"一·二八"四周纪念的感想》(见本刊第十一期)。这两篇是承蒙两位将军自动投寄本刊的,内容都是他们根据亲历的实际经验,证明中国在军事上确有抵抗自卫的能力,这在救亡运动中是有着非常的重要性的文字,是不消说的。马将军孤军抗敌,能支持到两个月;翁将军也以孤军抗敌,能支持到一个多月。在中国厕身军界,号称"将军"的有如过江之鲫,假使有十来个像两位将军的英勇抗战,至少有三年的抗敌激战,任何强悍的帝国主义,都不能不崩溃的,还能那样不费力地把中国的土地一大块一大块地宰割,几去了全国版图的一半,而还在继续不断地进攻吗?

我们倘追念两位将军的战绩，对于现在国土被人宰割了几乎一半的时候，还在唱着"准备"和"等待"的调儿以欺骗民众，不必再有什么解释，即可明了的了。

自从这两篇非常重要的文章发表之后，国内外的中国大众写信给本刊慰问两位将军，并希望两位将军还要奋起为中华民族解放斗争的，有如雪片飞来，应接不暇，我们实不胜其转达或转交，所以特在这里顺便提起，以告两位将军。同时敢告热心的读者诸君，我们深信两位将军必能始终为民族解放作殊死战，必不辜负诸君的殷切盼望的。在我还有一个很深刻的感触，就是看到大众方面对于真能为国抗敌的军人，这样热烈诚恳地尊崇爱护，可见大众的军人——为大众利益而出生入死英勇抗战的军人——必为大众所认识的，必为大众所不能忘的。

我对于这两位"大众的军人"，虽都不过见过一面，但所得到的使我永不能忘的深刻的印象，是他们的热诚血性，肝胆照人。马将军于嫩江战后，第一次到上海来，曾和杜重远先生一同到《生活》周刊社来看我，临别时和我们社里每一个同事都握手致意。他对我们这班"傻子"的和蔼的容态，诚恳的言辞，是我们所永远不能忘的。据我们所得到的最近消息，马将军对国事的愤慨，急得连夜睡不着觉。

翁将军，我去年到莫斯科的时候才见面。我在戈公振先生处碰着他，承他叫我到他的旅馆里去同吃晚饭，畅谈了许久，他无时无刻不以为国牺牲为念。我那天夜里就要乘车回列宁格勒，再乘轮回伦敦。临行时他觉得我衣服太薄，把他在吴淞苦战月余始终穿在身上的羊毛衫（即西装马甲上用的）赠送给我，说"我原打算和这件衣服同生死的，现在送给你作纪念吧！"我很欣幸的受了下来，说这是在民族解放战争史上很可纪念的一件宝物，我不敢占为私有，仅为暂时保存，等到中国民族解放成功，建起了民族解放博物馆时，还要代为送去陈列起来，作永久的纪念。

有朋友告诉我，最近翁将军因看了本刊里所详载的学生救亡运动的英勇牺牲，想到军人对于卫国的职责，痛哭了一夜。

我们对于"大众的军人"，还要为大众做前锋的"大众的军人"，敬致民族解放的敬礼！希望他们对民族解放作再接再厉的努力！

矛盾和一致

欧美各国的大众最近有两个"反"的运动，一天坚强一天，一个是"反战"运动，一个是"反法西斯"运动。其实这两个运动也可以说是一个大运动的两方面；法西斯对内是压迫劳苦大众，对外是不恤用残酷的战争来掠夺殖民地，所以在国际上，法西斯和帝国主义的战争是分离不开的。掠夺殖民地的帝国主义战争，只是各帝国主义的统治阶层（做政治后台老板的资产阶层都包括在内）各为本阶层牟私利的勾当，不但和各该国的劳苦大众没有什么利益，而且于他们还有很大的损害。一则因为有殖民地供帝国主义的统治阶层所利用，适足延长剥削制度的命运，使劳苦大众多延若干时的痛苦；二则因为帝国主义的战争一旦爆发，轮到前线去拼命做炮灰的不是坐享剥削所得的大人先生们，却是白送命的劳苦大众。这样看来，法西斯所推动的帝国主义战争是对国际而发，和对内方面的压迫劳苦大众也是拆不开的。

前次世界大战，参战的各国高唱"为保障世界民主"而战（to make the world safe for democracy），实际是驱着无辜的大众替统治阶层分割殖民地而战！自世界大战以后，又经过世界经济恐慌，各国大众白吃苦头，已有深刻的觉悟，知道拚着命所"保障"的只是资产阶层的利益，他们自己是完全上了大当。最近各国大众"反战和反法西斯"的日益猛烈，都是由于受着这种现实的教训。各帝国主义的国家都有着这样无可避免的矛盾：一方面统治阶层对于掠夺殖民地的残酷战争凶横猛进，一方面国内大众"反战和反法西斯"的狂潮也众怒难犯。在第二次世界大战里面，各国大众必然地不像前次大战里那样的易于受欺骗了。各帝国主义的当道，一方面积极备战，一方面却高唱和平，也未尝不是有着这样的顾虑。但是因资本主义内在的矛盾，他们将终于不得不冒险来它一下。

在另一方面，被压迫民族的解放斗争，除少数汉奸和准汉奸外，却有一致对抗压迫者的潜力；无论什么阶层，无论什么政治派别，做亡国奴总是不愿意的，做被征服的民族中的一个奴隶总是不愿意的，在这一点上便有结成联合战线的可能，在这一点上便没有侵略国内部的那个矛盾，在这一点上便是一致的。在侵略国有那样的矛盾，在被侵略者有这样的一致，以这样的一致和那样的矛盾对抗，最后的胜利谁属是很显明的。

但是这样的一致所以能发生力量，必须在发动了民族解放战争以后，否则侵略国反可以因被侵略者的无限退让而维持它的对内的压迫力量，同时对侵略国能继续不断作不费力的掠夺。

糟蹋

糟蹋是反动派的惯技!

例如帝国主义的国家对于殖民地或半殖民地,便极尽糟蹋的能事。他们当然不是"为糟蹋而糟蹋",却有他们的动机。他们因为要欺骗麻醉本国的民众,使本国的民众觉得本国统治者群压迫殖民地和半殖民地的行为是应该的,是正当的,是"传布文明"的,就不得不用种种的宣传方法,把那些地方的人民形容得异常野蛮,异常残忍,异常愚蠢,异常可恶。在伦敦有个蜡人馆叫做杜索夫人展览会(Madame Tussaud's Exhibition),在地窖里设有所谓"恐怖室",悬有杀头的惨相,上面赫然用大字题着"在中国的杀头"(该处为伦敦名胜之一,看的人很多)。我们固然不拥护杀头——虽则杀尽汉奸的头却是痛快的事情——可是好像杀头这件事只存在于中国,用这样的布置来暗示中国人特别残忍成性,显然地存着糟蹋中国民族的用意。我在伦敦时,各报正纷载希特勒杀两个美丽的本国女侦探的头,但是那个"恐怖室"里并不悬上一个"在德国的杀头"的相片。似乎只有殖民地或半殖民地活该受这类的糟蹋。他们以为尽量地糟蹋被压迫的民族,可以永远使被压迫者处于奴隶的地位,其实被糟蹋得越厉害,力争解放的情绪也愈迫切。

旧制度的国家的统治者群对于新制度的国家,也极喜用他们的宣传工具——报纸和杂志——痛做糟蹋的工夫。你在西欧各国的报纸和刊物上,常常可以看到糟蹋苏联的种种"新闻"。在苏联农业机械化电气化,集体农场大告成功,农产品日见丰富的当儿,他们竟敢闭着眼睛大造苏联农民整千整万饿死的消息!但事实胜雄辩,到苏联游历的人一天多一天,他们的造谣徒然损失自己的信用罢了!伦敦最反动的报纸之一的《每日快报》(*Daily Express*)除常常造谣诬蔑苏联外,还常常登载攻击苏联领袖们的私生活的消息。我到苏联仔细调查后,知道都是毫无事实根据的谣传,都是有意的糟蹋。其实苏联新社会建设的突飞猛进,苏联领袖们领导苏联大众对于新社会建设的继续努力,都有事实的表现,并不受这样糟蹋的丝毫损伤。

上面所说的是国际上常见到的一种怪现象。但是在一个国度内,反动者群也喜欢用这同样的手段。他们对于新运动,想出种种糟蹋的"新闻",尽量宣传,使人觉得除了"杀人放火""洪水猛兽"的印象外,无一是处。他们对于所欲得而甘心的个人,也惯用这同一的"技巧",由他们直接间接的走狗们造出种种谣言攻击他的私生活;尽瘁于社会事业的人无论怎样艰苦,只须他的事业不便或有碍于反动者群的利益,他们便可造谣诬他怎样"收入巨大",怎样"服饰华贵",乃至怎样"举动腐化"。他们以为这样可以使他在民众间失却信用,便可替他们的主子拔去一个眼中钉,是多么好的策略!我知道朋友里面因努力于民众的工作而受到反动者群的糟蹋暗箭,不乏其人。糟蹋者心劳日拙,终有"水落石出"的时候,其实只须自问没有假公济私的亏心事,自问确是以赤诚努力于所认为有益于大众的事业,不但不怕什么,而且要更勇敢地往前干去。

领导权

近来常听见有人提起"领导权"这个名词，也常听见有人说某某或某派要抢领导权云云，好像领导权是可由少数人任意操纵，或私相授受似的。这种人的心目中所认为领导权，只想到领导者，只知道有立于领导地位的少数个人，把大众抛到九霄云外！于是他们便存着一个很大的错误观念，以为领导权是从少数人出发，大众只是受这少数人所"领导"。随着这个错误的观念，他们又有着一个很大的误解，常常慨叹于中国大众的没有力量，梦想着好像可以忽然从天空中掉下来的"领袖"，然后由这个"全知万能""生而知之"的"领袖"，来"领导"大众，以为大众只配受这样高高在上和大众隔离的"领袖"所领导！

其实领导权在表面上似乎是领导着大众，而在骨子里却是受大众所领导，大众才是领导权所从来的真正的根源。

我在莫斯科时细看他们的革命博物馆，看到革命进程中每一个运动的事实的表现，都觉得领导中心之所以伟大，全在乎能和当时大众的要求呼应着打成一片；换句话说，领导中心是受着大众的领导，也只有受着大众领导的中心才能成其为领导中心。

谁都不能否认列宁和他的一群是苏联革命的领导中心。他在一九一七年发动革命时所提出的标语是土地，面包，和平。当时克伦斯基政府无力应付经济危机，仍和协约国进行帝国主义争夺的战争，对于民生的艰苦，农民土地问题的急切待决，都毫不顾及，而列宁在当时所提出的三大主张：土地归农民，工厂归工人，不参加帝国主义的战争，恰恰反映着当时大众的迫切要求；接着主张"一切权力属于苏维埃"，又是达到这三大主张的唯一途径。列宁在当时能根据大众的真正要求和可以达到这真正要求的途径努力干去，这不是很显然地是受着大众所领导吗？这不是很显然地表示他的领导权不是和大众隔离，而是发源于大众的吗？所以在表面上列宁和他的一群似乎是在那里领导着大众向着正确的路线前进，而在骨子里却是他和他的一群受着大众的要求所领导而向前迈进着。他的伟大是在乎他能认清大众的要求和用来达到大众要求所必由的正确路线,并不是离开大众而能凭着什么领导权而干出来的。而且在他认清大众的要求和用来达到大众要求所必由的正确的路线后,也还要靠着**大众自身的共同奋起斗争的力量**而才能获得成功的,并不是抛开大众的力量而能由少数人孤独着干得好的。其实果然能依着大众的要求而努力的,决不会得不到大众的共同奋斗的力量;怕大众力量抬头,用种种方法压迫大众力量的抬头,正足以证明这些人为的是他们自己和他们的一群的利益,所以**提防大众如防家贼**似的!和大众既立于相反的地位,摧残蹂躏大众之不暇,还说得上什么领导大众呢?果要领导大众吗?**必须受大众的领导**!

社会的成份

我曾在上期本刊里提起在苏联所看到的在各种机关的组织方面所特别注意的"社会的成分"。他们要注意在组织方面所包含的分子有百分之几是工人或工人的家庭出身的，有百分之几是农民或农民的家庭出身的，有百分之几是雇员出身的。苏联在现阶段是工人的国家，换句话说，政权是握在劳工群的掌握中，执行他们造成没有阶级的自由平等新社会的历史的使命；为要巩固这先锋集团的组织以完成他们的历史的使命，所以对于组织方面，大至一党，小至一个小机关，对于所谓"社会的成分"，都加以严重的注意。他们在现阶段内要使"社会的成分"特别偏重于工人或工人家庭出身的份子（通常达到百分之七十左右），其次轮到农民或农民家庭出身的份子（通常达到百分之二十左右），再次才轮到雇员（通常达到百分之十左右）。就党员而论，工人要加入党做党员，只须经过几个月的"试验"（on probation）期；自由职业者若要加入党做党员，就须经过几年的"试验"期（在"试验"期内，言语行动及实际工作，都受党的详慎留意和监察，认为无愧于党员资格后，才许正式入党）。加入党的人是下牺牲的决心，为新社会努力苦干的，并不是来享受什么权利，例如工厂里的工人已加入党的，要现出特优的工作成绩，于应有的工作外，还要用余暇来热烈地参加公益的事业，工资和通常的工人却是一样的；学校里的教员已加入党的，于原有功课之外，夜里往往要尽义务指导补习教育或其他文化工作，较一般未入党的教员特别的辛苦，而薪俸却是一样的（做工厂的经理或高级职员，如系党员，薪水要比一般的同等地位的人减少）。得参加新社会更辛苦的先驱工作，在他们是莫大的荣誉。但是他们所以有这样的精神，大部分是靠他们有较严密的组织，是靠他们有比较健全的"社会的成分"。

　　这种"社会的成分"的比率，当然依着新社会建设的逐渐成功而演变的。例如苏联自从集体农场计划成功以后，农民也一扫他们从前自私的成见，成为新社会的集体工作者的分子，新宪法里也就增加了他们的代表权了。

他们对于"自由职业者"限制特别严，这不是没有理由的，因为"小资产阶层"最易动摇，最易反叛革命，只有完全克服了"小资产阶层"的自己意识，在大众领导之下，以大众的意识为意识的"知识分子"才能有贡献于大众的革命。这样看来，有人凭空说社会革命是要打倒"知识分子"，实在是一个很大的误解。应被打倒的是反大众的，妨碍革命的，做反动走狗的"知识份子"，不是忠实地热烈地加入大众领导之下来努力工作的脑力工作者。在帝俄时代，在俄国革命初期，"知识份子"大多数是当时腐化制度的拥护者，谁能信任他们？现在苏联的自由职业者已是立在劳苦大众一条战线上努力工作，所以他们所得到的待遇也和从前不同了。

群

一个人的思想言语行动，你如果仅从他个人的观点看去，往往得不到彻底明确的了解，因为任何人的思想言语行动都受着他所属的那个群的影响，或受着他所效劳的那个群的影响。你如能注意到他所属的群，"思过半矣！"在国外视察各国的政治经济社会，乃至新闻事业文化事业各方面的实况，仔细分析，在表面上所见的虽是某某个人，在骨子里都不过是这一群的代言人，或那一群的代言人。例如德国的"纳粹"领袖希特勒，有许多人觉得不解，他在党纲里明明说要把大企业归国有，以"国家社会主义"自命，而上台后，却一个字不能实现，反而请着十二位剥削统系中的"大王"统制全国的各工业部门，压迫劳苦大众，为资产者群效劳。其实希特勒根本就是这些"大王"的那一群的代言人，为的就是这一群的利益，党纲上的话不过是在未上台前用欺骗手段，来获得一部分受欺骗的民众的拥护罢了，有什么可怪！墨索里尼的后面有他所效劳的群，包尔温后面有他所效劳的群，罗斯福后面也有他所效劳的群。

资产者群为着资产者群的利益而挣扎，劳苦者群为着劳苦者群的利益而斗争，这在各群里面的人看来，各都觉得自己是对的。在为资产者群供奔走的鹰犬，在劳苦者群看来是该死的家伙，而在他的本群的人看来，却是不折不扣的忠臣！这样看来，抽象的说这个人怎样勤奋，那个人怎样能干，乃至怎样忠实，都做不得标准，因为先要问他所效劳的是那一群？他所关心的是那一群的利益？效劳于剥削者群的人愈勤奋，愈能干，愈忠实，在被剥削者群方面却愈是更大的敌人。又例如教育家，大概没有不以"乐育英才"自慰的罢，但是他所"乐育"的是替剥削者群造奴隶或鹰犬呢？还是替劳苦大众造斗士呢？这里面就大有"差以毫厘，谬以千里"的区别了。

苏联在现阶段是工人的国家，这是大家知道的。我在苏联视察各种机关——政治经济，以及文化等等——的时候，最感兴趣的是他们有所谓"社会的组合"（social composition），更明白些或可叫做"社会的成分"。例如他们在一地所举出的市政府，或任何代表机关，或一个学校，都要注意其中的成分有百分之七十或八十是工人或工人的家庭出身的，此外有百分之二十都是农民出身，百分之十左右是雇员出身（近于他国的小资产者群）。他们认为在现阶段中这种"社会成分"的工人比率愈高，愈是健全，否则须有整顿的必要。这是他们在现阶段中巩固工人群以执行历史使命而建设新社会的办法。他们这革命先锋的群的组织怎样注意严密，怎样提防各种机关里"社会成分"的不健全，以免妨碍新社会的建设工作，的确是很值得注意的；因为群的力量是很大的，大众的群不严密，营垒不严整，反大众的群为着他们本群的利益便要乘机破坏的。

躲

在伦敦的时候，有一夜在一个中国菜馆里吃饭，这菜馆里有两个妙龄女侍者，她们都是所谓"土生子"，即她们的父亲都是中国人，母亲都是英国人。在伦敦华侨居住的地方也在以贫民窟著名的东伦敦，那地方统称为Limehouse。在伦敦说起Limehouse，英国人总以为那便是中国的象征。听说在劳工党未上过台以前，在那个地方走在街上的中国人，任何英国人无故可以打他的耳光！他当然没有别的什么罪状，有的只是因为他做了没有祖国保护的中国人！劳工党上台以后，因为比较地还以劳工利益为标榜，一般人对于做工的华侨，没有像从前那样贱视，虽然有时还不免要把他们归入"劣等民族"看待。这两个妙龄女侍者便是出身于Limehouse，她们虽一半是英国种，但是因为有一半是中国种，在以"优越民族"自豪的盎格罗萨克逊看来，仍然是属于"劣等民族",所以她们对于没有祖国保护的中国人所受到的种种切肤之痛是亲身经历过,至少是常常耳闻目睹的。

这个晚上,我一面独自一人吃着饭,一面无意中窃听到这两个十八九岁的天真烂漫娇态可掬的女侍者同立在一个角落里轻声偶语着。她们生长在英国,说得一嘴的流利悦耳的英语。甲女睁着那一对亮晶晶的眼睛,好像有着满腔心事似的,低声软语,问着乙女道:"为什么任何坏的事情都归到'柴纳门'身上来?我真不懂!"乙女懒洋洋地微叹着答道:"我也不懂!我想我们不要再住在英国了,我们还是躲到自己的'柴纳'去吧。"她们刚说完这几句话,有两三个盎格罗萨克逊的客人进来了,她们忙着拿筷匙,捧碗碟,跑去招呼着客人了。

她们说完算了,但是却使无意窃听到这几句话的我无限感喟,久之仍像那几句话还在我的耳鼓里震荡着。她们一出世睁开眼睛,看见的便是英国的环境,"柴纳"究竟是怎样的一个地方,在她们是莫明其妙的;她们略大之后,进的学校也是英国式的学校,受着"上帝佑我王"的教育,中国有了什么历史,中国的近代史上面载着多少的耻辱,在她们也是莫名其妙的。她们感觉到在国外受到种种的歧视的辱侮和苦痛，直觉地想到的第一个念头，便是"躲到自己的'柴纳'去吧"。

但是她们丝毫不知道，我很惨然地觉得她们一定丝毫不知道，在中国仍然是无限忍辱含垢的中国的时候，我们在世界上任何天涯地角固然都无处躲，就是回到中国，回到受着重重压迫的，无限屈伏恬不知耻的中国，又有何处可躲？

由东北"躲"到华北，由华北"躲"到华南，由华南再"躲"到何处去呢？况且不是人人可由东北"躲"到华北以及华南！在奴隶的国家（？）就只有做奴隶的份儿，谁也无法"躲"，谁也无处"躲"！你真要"躲"吗？唯一可能的方法只有根本把无限屈伏恬不知耻的国家（？）一变而为英勇斗争力图雪耻的国家。

我们的

有一位朋友也曾经到过苏联去看看，他后来对人说苏联也不过是国家主义！有人问他何以见得，他说他在苏联参观的时候，引导的人不是说这种工厂是我们的国家里所有的算世界上第一，便是说那种机器是我们的国家里所有的算世界上第一；这显然可见他们也处处想到"我们的"国家，这不是国家主义吗？

这种话在表面上很容易淆乱黑白，引人误解，其实他没有注意到国家主义和爱国是两件事，更没有注意到这里所谓"我们的"国家是含有重要的意义。近代的国家主义是民族资产阶层利用国家这个机构来和别的民族资产阶层来竞争市场和利润的，结果是要走上帝国主义的一条路（殖民地和半殖民地，由种种原因而民族资产阶层无法抬头，虽欲走上这样路而不可能，这是另一问题，这里不赘述了），和爱国是截然两件事情。至于苏联的人民把苏联看作"我们的"国家，那也不足怪，因为他们的国家的确是为大众谋福利的属于大众的国家，大众把他看为"我们的"，这不是很当然的吗？在帝俄时代，那时他们绝不会说那是"我们的"，因为那时的俄国只是俄皇，贵族，僧侣，地主，和资本家的少数特权阶层的国家，大众只是有做变相的奴隶的份儿，他们当然不能把那时的国家看作"我们的"。他们在革命后，使少数人的国家一变而为大众自己的国家，这诚然是一件可以自豪的事情，因为这是为人类历史开了一个新纪元，这是人类真正历史的开始！

我在莫斯科时曾看到他们努力新社会建设的影片（影片名《列宁的三歌》，内容非常雄伟，新社会建设的影片仅是其中的一部分），最使我感动的，是工厂的工人演说时，提起工厂，便说"我们的"工厂；农场的农妇演说时，提起农场，便说"我们的"农场。这并不是表面的话，这工厂和农场确然不是为任何少数个人谋利的，在努力于这种的工厂和农场当然要看作是"我们的"了。苏联新社会建设的成功，他们大众对于新社会建设的兴奋，热烈，"吃得苦中苦"而不但无悔无怨无恨，反而高高兴兴地干去，兴会淋漓地干去,最基本的原因还是在"我们的"这三个字上面。

当然,这里所谓"我们的",并不是从个人的立场做出发点的说法。从个人做出发点的说法,便含有自私的意味,便含有个人据为一己所有而不顾公益的意味;这里所谓"我们的"是指大众而言,是指和少数特权的剥削阶层相反的大众而言,是含有社会化的重要意义,是含有劳苦阶层的集体的重要意义。

倘若一个国家还不为大众所有,那末事事都和大众的意志或利益立于冲突或敌对的地位,甚至你要爱国不许爱,要救国不许救。在这样境地的大众并不是无须爱国救国,却是一方面要不许少数的汉奸卖国,同时要努力使国家成为真是大众的国家,成为"我们的"!

柴纳门

我从伦敦乘苏联的轮船往列宁格拉的时候,海程经过五天,在这五天里面,每天都有一次讨论会。同船的有两百多个旅伴,大多数是从美国往苏联,由伦敦经过的,有少数是由伦敦同去的英国男女。有一天刚要举行讨论会以前,有一位美国旅伴跑来对我说,在这次讨论会里,他们要我报告些关于中国革命的近况。这位旅伴是一个前进的青年,我知道他是没有种族的成见,但是他却有意避免引起我的种族的成见!他先请我原谅,因为他在谈话里提到"中国人"这个名词,而在英文里,"中国人"这名词却有两个,一个是"柴尼斯"(Chinese),一个是"柴纳门"(Chinaman);他记得听人说过在这两个英文字里面,有一个是中国人所要听的,有一个却含有侮辱中国人的意味,给中国人听了是要不高兴的;但是他表示很抱歉地不知道那一个是可以用的,那一个是要得罪的,他老实弄不清楚,请我指示他。我说只要是出于没有成见的朋友的嘴里,在我听来都是一样:不过也很坦白地告诉他,就一般说,"柴纳门"是有人作为侮辱中国人的称呼。他听后还再三记个清楚,似乎有意要牢牢地记着这个区别,以免将来对于其他中国人有唐突的过失。

在国外时,确常遇着很相得的外国师友,我很确然地知道他们绝对没有侮辱中国人的用意,在谈话时也常用着"柴纳门",我因为知道他们谈话的内容是完全含着好意,并且知道他们绝对没有侮辱的意思,所以听着也仍然不以为意。他们以为"柴尼斯"是形容辞,意义是"中国的","柴纳门"才是名词,更合于用作中国人的称呼。犹之乎英文的English是形容词,Englishman才是名词。

但是出于死硬派的嘴里,或出于蔑视中国人的外人的嘴里,"柴纳门"含有侮辱的意味,却也是确凿的事实。可是我们如仔细想想,顾名思义,"柴纳"是中国,"门"是人,"柴纳门"的本身原来并没有什么侮辱的含意,大概只是"柴纳门"自己不争气,不振作,使这个原来不含有侮辱的名词染上了侮辱的色彩吧!倘若这个分析不错的话,我们的问题便是怎样消灭这加上去的侮辱的意义了。

俄国在未革命以前，西欧各国以及美国的人们，也把俄国看作半野蛮的国家，俄人是被看作半野蛮的人种。等到革命以后，五年建设计划的逐步胜利，就是死硬派到那里去旅行观察一次，也不得不赞叹他们新社会建设的成绩，这是我在苏联各处游历亲眼看见的情形，他们虽还不明白苏联何以能有这样成功的基本原因，但肃然起敬，不敢再胡诌什么"半野蛮"的形容词到苏联人民的头上，却是无可疑的事实了。

我们果能从困难中争得民族的解放，虽被人唤着千百声的"柴纳门"何妨？我们被人套上"奴隶"的头衔，还不知道起来斗争，万邦腾笑，人类唾弃，就听着"柴尼斯"的呼唤，光荣又在那里？

有　闲

"有闲阶级"这个名词，诸位听到的想已很多。这个名词似乎是很令人讨厌的。其实有闲阶级之所以令人觉得讨厌，到不是"有闲"的本身，是因为在许多被剥削榨取的大众终日劳苦而毫无闲暇的现状下，却让少数特权阶级有着闲暇，形成不公平的畸形的社会现象。

讲到"有闲"的本身，却是一种极可宝贵的东西。记者在苏联视察所得的观感，一方面觉得他们大众参加新社会建设工作的努力和紧张，一方面却也觉得他们大众获得享受正当娱乐的闲暇。你每日下午在工作时间以后或晚间，如到他们的"文化和休息公园"里去看看，便可看到于工作余暇的大众穿着整洁的新衣，真是"摩肩接踵"地在那里玩，有的坐在电灯辉煌绿草如茵的广场上的一排一排的长凳上谈心，有的三五成群地散步，有的看着露天戏台上的戏剧，有的集坐在音乐台的前面倾听音乐，有的在园内咖啡馆里喝着谈着。公园的数量是常常在增加，而大众的拥挤却仍是一样，原因是为着大众有了闲，工作愈紧张，则于工作后的休息愈益需要有闲来恢复精力，以作再进努力的基础。你到他们的戏院里去看看，最好的位置并不是像在西欧所见的那样，是有钱的有闲的大人先生太太小姐们的专利品，却是在工厂里参加社会主义竞赛最有成绩的突击队队员，或学校在学业上参加社会主义竞赛最有成绩的学生的奖励品。你可在那些最好位置的椅背上看见有亮晶晶的铜牌，上面刻好某某厂特为突击队员定的位置，或某某校特为最优学生定的位置。你如到他们的各种博物院里去看看，可看见成群结队的粗手粗脚的工人或集体农场的农夫，一群又一群地参观着，听着指导员口讲指划的解释。他们每过五天就有一天的休息；在这一天，你随处可以看见，尤其是在山明水秀或青翠欲滴的郊外村间，成群结队的工人大众，有音乐为前导很愉快地边走边引吭高歌，尽量使他们的身心获得舒畅的休养。在学校，在课堂或实验室里，他们专心致志地忙得很，在休息日的晚间或特别纪念日的晚间，却有大规模的跳舞会，整千的男女学生在广大的厅上跳舞，那尽量的快乐的情绪，和在工作时一样地紧张！我曾和莫斯科暑期大学的男女同学屡次去参加过，精神上所受到的兴奋刺激是永远不能忘的！他们的各机关每年都有两星期到一个月的休假，免费送到名胜的区域去休养。我到苏联南方克里米亚的名胜区域如雅尔他等地，美丽像瑞士的海滨和山麓，来来往往的男女，都是特别努力于工作，在休假中来休养或娱乐的工农。这些事实给与你的异常深刻的印象是大众的有闲，这不是"游手好闲"的闲，却是于努力工作之后的闲；不是少数不劳而获者的闲，却是共劳共享的社会里的大众的闲。

家　丑

中国有句老话，叫做"家丑不可外扬"，我觉得在国外旅行的时候，常不免怀着这样的心情。但是最恼人的是你怕着家丑外扬，随时随地都要叫你感觉到家丑正被大扬而特扬着。最明显的是每遇着你看报的时候，没有关于中国的新闻则已，一有着登载了一些关于中国的新闻，不是我国所"敦睦"的"友邦"的一个上校公然宣言把中国政府说为卑鄙龌龊，一塌糊涂，便是什么地方又被"宣传"着"王道"，使人更明白中国是一个无所谓主权的掉尽了脸的国家。我们在国内看着这种新闻——也许在本国报上还没有"眼福"看得到——已是愤懑，在国外看到，觉得"家丑外扬"，更要使你气得七窍生烟！尤难过的是在"国难"一天糟一天，每遇着紧张的"掉脸"的消息，外国朋友偏要向你问这样，问那样，使你觉得没有地洞可钻！在伦敦时候，有位中国朋友告诉我，他有一夜乘地道车回家，在坐满着乘客的车子里，各人都正在展报阅览，在各报上的大标题赫然印着中国的绥远正受着我们的"友邦"积极派兵宣传"王道"，内容是详述中国正在恭恭敬敬地"开门揖盗"，极力在"亲善"上做工夫。有许多人看着报，溜着眼望望这位中国朋友，他一路如坐针毡，简直不敢正眼看人！这都是"家丑外扬"使人难堪的一个例子。

旅行到苏联南方的时候，有一次参观一个休养院（他们叫做rest home，这在苏联名胜区域很多，是专备工作者假期中休养的地方），里面有一个正在休养的女工问一位同游的美国准死硬派某甲："你们美国对工人也有这样的优待吗？"他竟欺骗着说有！可是同时有几位同游的前进的美国青年却提出抗议，当场说他撒谎！他轻声用英语打着招呼说道："你们不要疏忽，使他（指那工人）对美国得着不好的印象啊。"在这准死硬派觉得是不可"外扬"的"家丑"，而那些前进的美国青年却不一样，这是因为后者认为资本主义制度的罪恶用不着掩护，只有努力铲除的一法。我在海外也只有和这类前进的朋友谈论，才不觉得——至少大大地减少——"家丑"的难过观念，因为他们也很坦白地告诉着他们的

"家丑",虽则他们的"家丑"和我们的"家丑"在性质上未必相同;但是彼此因为都了解同是不合理的现制度下的牺牲者,所以富于同情,能很坦白地很客观地谈论着。

在伦敦时有一次和一位很知己的前进的英国朋友同到英国法西斯的首领摩雷开的党员大会里去旁听,到者万人,摩雷在演辞中主张英国不当抛弃印度,同时主张让日本有随意侵略中国的权利,于丑诋印度之外,并丑诋中国。我气得发呆,这位英国朋友也气得发呆!为什么呢?因为他是一个思想正确的前进的青年,觉得英国有人主张帝国主义的侵略政策,在他也是"家丑"。我们听到一半,还是他先建议"我们走吧!"我们走出了会场,他还继续大骂英帝国主义的罪恶,再三劝我不要气。

走　狗

"走狗"这个名称,大家想来都是很耳熟的。说起"走"这件事,并不是狗独有,猪猡会走,自称"万物之灵"的人也会走,何以独有"走狗"特别以"走"闻名于世?飞禽走兽,飞是禽的本能;走是兽的本能;这原是很寻常的事实,并不含有褒贬的意味,但是"走狗"的征号,却没有人肯承认——虽则这个人的行为的的确确地是在表示着他是一位道地十足的走狗。换句话说,被人称为走狗,大概没有不认为是一件大不名誉的事情。你倘若很冒昧地对你的朋友当面说"老兄是个走狗",无疑地是得不到什么愉快的反应的。这又是什么道理呢?

玩狗是西洋女子的一件很普通的消遣的事情——这些女子当然是属于有闲阶级的。中国的"阔"女子中也有很少数的染着这样的"洋气"。听说中国某著名外交官的太太便极爱养狗,养了十几只小哈吧狗,她的丈夫贵为公使,有时和她出门带着秘书,一等秘书二等秘书三等秘书等等要很小心谨慎地替她抱狗,恭恭敬敬的侍候着。但这在中国,究竟寥寥可数,所以我们未曾做过著名外交家的娇贵太太的随从者。对于玩着狗的游戏,究竟不易得到"赏鉴"的机会。依记者"萍踪"所到,在英国看见太太小姐们拖着狗在公园里或小山上从容闲步的很多。我在伦敦有一次住宅的附近有一个很广大的草原(Hampstead Heath),遇着星期日,在这里游行的男女老幼非常的多,你在这里可以看见许多妇女手里拖着一只小狗。有许多把拉狗的皮带解下,让狗自由地随着。在这种地方,我才无意中仔细看出走狗的特色。你可常看到这种随着的小狗,它的主人可随便地带着它玩,无不如意。它的主人把一只皮球往前远抛,它就兴会淋漓的往前跑,拚命把那个皮球抓着衔回来给它的主人;它的主人再抛,它再跑,再拚命抓着球衔回来,有的没有带着皮球,只要拾着一根树枝,也可以这样抛着玩。这大草原上有池塘,有的狗主人领着狗走近池边,把一根树枝抛在池里远处,呼唤着狗去衔回来,这狗也兴会淋漓地往小池里钻,拚命游泳过去,很吃力地把那根树枝衔回来,主人顾盼着取乐。至于这主人是怎样的人,平日干的什么事,叫它干的是什么事,有什么意义,有什么效果,在这疲于奔命的走狗,并没有什么分别,只要你豢养它,它就对你"唯命是听"。自号"万物之灵"的人类里面的走狗,最大的特色,无疑地也是这个和狗"比美"的美德。其实"衣冠禽兽"的人类中的"走狗"较真的走狗,还要胜一筹的,是真的走狗,除非是疯狗,至多是供人玩玩,有的在乡村里还能担负守夜的责任,"衣冠禽兽"中的"走狗"却要帮着豢养他(或它)的主子无恶不作,越"忠实"越"兴会淋漓"就越糟糕!在这种地方也可以说是人不如狗,不要再吹着什么"万物之灵"了。

侮　辱

在法国的时候，听见一位朋友谈起有一个法国学生和中国学生相骂的事情，很使人觉得好笑。这个中国学生是在巴黎某大学读书，和一个法国同学本来是好朋友，不知有一天怎的彼此吵起嘴来，吵得很厉害，为着什么大不了的事，已记不清楚，可是这两个朋友都闹得面红耳赤，现着"悲愤填膺"的气概。这个中国学生恨极了的刹那间，把法国话都气得忘记了，脱口而出地骂了一句中国话，很切齿痛恨的骂着说："操你娘的B！"这个法国朋友平日也喜欢学几句中国话，但是听到这句"典型的话语"，睁着眼发怔，莫明其妙，不过觉得他的这个中国朋友的声音的厉害和脸孔上的那副表情，知道意思不妙，心里丝毫不疑的断定这一定是一句极端侮辱的话。他把这句话紧紧地牢记着，去问另一个中国学生，问他这句话到底是什么思想。被他问着的这个中国学生当然一五一十的解释给他听。所可怪的是他听了之后,和他正在听着前一个中国朋友说出这句话而莫明其妙的时候,在愤怒的情绪上竟大两样,不但不生气,而且很淡然地说:"这却奇怪了!我娘的事和我有什么相干?只要她自己愿意,××尽可自由,为什么要对我说!"很显然地,这个法国学生最初认为莫大的侮辱,后来听清楚那句话的意义,反而觉得算不了一回事!他完全不了解那句话在我们中国人所感觉到的严重性。据说法国人听见你骂他欺骗,懒惰,反而要火冒得多!这也可见他们个人主义发展到了怎样的程度。欺骗懒惰等等的恶名词,是侮辱到他个人的身上。A也好B也好,在他看来,和他个人是不相干的。孟老夫子说"羞恶之心,人皆有之",细想起来,也不尽然。有的人觉得大可"羞恶"的事情,在有些人并不一定有同样的感觉。

杜重远先生曾偶然谈起以前在东北某铁路的火车上看见一个官儿坐车硬不肯买票,查票的硬要他买,他很气愤地从衣袋里拿出有官衔的名片!这位官儿,你也不能说他一定就没有了"羞恶之心",他知道"气愤",也许就是"羞恶之心"的表现,但是你莫奈他何的是他硬认官儿以不买票坐车为"光荣",做了官儿坐车还要买票是莫大的侮辱。

推而广之，就是所谓道德观念，也要看你所属的是什么群。你所属的群里所谓道德的，在别一群里不见得也是道德，甚而至于是不道德。摆着"道学先生"面孔的人们，固然是靠不住，就是自认为确是有道德的好人，我们也要对他的所谓"道德"仔细分析一下才好。

三 笔谈

艰苦奋斗

凡是做中国的人，眼见中国民族危亡的急迫，民族敌人和汉奸卖国贼的横行，没有不痛心疾首，悲愤填膺的。照例一个新刊物的创刊词里总喜欢说些吉祥的话语，但是我们临到这样亡国灭种大难当前的环境，越是志同道合的朋友，相见的时候越是不免要抱头痛哭一顿，绝对引不起什么欢悦的情绪。所以当记者拿着笔准备和诸位朋友谈话的时候，我不禁想象着国内外无数的读者好友都是在极沉痛的心境相对着。

这种极沉痛的心境的存在不是无缘无故的，凡是稍稍像个人的动物，在这样极端侮辱的境地，谁都不能再忍受下去的了。想诸位还记得，不久以前，日本贵族院议员三上参次公然在议会提出极端侮辱中国的提案，说为维持日本皇室的尊严起见，对中国之自称"中华民国"，实为有碍日本国体的尊严,应请外相向中国政府提出劝告,把"中华"改称"支那"!以身居国会议员的地位,公然对整个中华民族作毫无忌惮的侮辱,而在"中华民国"却只忍泪吞声,不听见政府有一个字的抗议,反而要天天谈着"提携",哀求"亲善",这类事实便是当前整个中国所处地位的象征。最近"尊严"的"友邦"用武装保护"走私",破坏中国金融,但是依"尊严"的"友邦"看来,过失却反而在被蹂躏的中国,竟由驻华日大使馆参赞若杉对中国外长提出警告,说我国报纸登载日鲜人在华北走私猖獗的情况,有背中日亲善的原则,要求严厉取缔。天津国货售品所有两个职员被认为有抗日嫌疑,即可在"中华民国"的国境内,由日兵任意拘捕。他们在北平车站,也任意拘捕华人。北宁路桥被炸后,天津和塘沽两处的华籍职员,就被日军监视。这些职员的无妄之灾,就因为在职员上面有着"华籍"的头衔。诸如此类举不胜举的惨痛的现象,都是摆在我们眼前的铁一般的事实,不容怀疑地中国在实际上已陷为奴隶的国家,中国人民已陷于奴隶的地位。不愿安于奴隶地位的中国人,对于民族敌人和汉奸卖国贼,绝对不能再坐视了,必须迅速造成全民族抗敌救国的联合阵线,用热血的代价,英勇的行动,向着民族敌人和汉奸卖国贼猛攻。我们整个民族的生路，就靠这样艰苦奋斗中得来。

驻南京的日总领事须磨公开谈话发表说："时局变化至此，中国如不肯与日本携手，那只有对日宣战，没有第三条路可走……因为日本倘若退却一步，就等于总退却，日本立志很坚决，只有向前迈进。"这很显然地公开表示日本非灭亡整个中国，绝对不肯罢休，中国要么投降，自甘亡国，要么只有抗战。我们深信中国的全国民众只有毅然决然地发动第二条求生的路，绝对不愿走上第一条的趋死的路。

时势的危迫实在不能让我们犹豫了！日本陆海外三省已根据须磨的报告，于本月三日召开陆海外三省会议，研究一切侵华大计，在新任驻华大使川越赴任前，作具体的决定。我们不愿坐以待毙，就该下决心起来自救。自救的方法怎样，这就是本刊所要提出贡献的问题。

前进思想与救国阵线

"思想落伍"是一句骂人的话,这句话的侮辱的严重性,虽不及一般人所认为重大侮辱的"男盗女娼"那句话的严重,但是使受者满不高兴,似乎是必然的。诚然,思想落伍原不是一件可以欣幸的事情,我们希望自己的思想不要落伍,同时希望个个人的思想不要落伍。

思想落伍的反面是思想前进。我们在思想上既不愿落伍,应该就要前进,这是不成问题的。但是说某某思想的前进,或说某某有前进思想,不过是比较的意义。譬如你的思想比我前进,他的思想比你又前进,这便含有比较的意义。如果你是一位做文化工作的人,你有着促进我的思想进到你的程度的任务;如果他是一位做文化工作的人,他有着促进你的思想进到他的程度的任务。但是这里有个很值得注意的要点:促进思想较差的人,引到较前进的程度,负着促进任务者不可唱调过高，必须顾到被促进者的容受可能性，虽则他自己的思想尽管是怎样前进。这是努力推广大众文化的工作者所最须注意的一点。

这虽是就一般的寻常的观点看去，但是这个要点应用到救国统一阵线的上面去也有着很重要的意义，救国统一阵线的唯一目的是在救国，凡是不甘做亡国奴的中国人，我们都该推动他，鼓励他，引导他来加入救国统一阵线，尽量贡献他所有的力量。在这里面，有的思想也许更前进一些，有的思想也许较后进一些，但是在负有推动，鼓励和引导任务的工作者，倘若不顾到受者的容受可能性，徒把自己的前进思想做标准，唱着高调——至少在受者看来是高调——那也许要使原可加入统一阵线的一个救国斗士吓得掩耳远避，不敢或不愿再领教了。这样一来，所得的结果是恰恰和你所期望的相反，反而阻碍救国统一阵线的扩大！因为有些人也许对于你的救国宗旨可以赞成——只要他不是甘心做汉奸卖国贼，一定可以赞成的——但是对于你的"前进思想"却未能同意，尤其是离开他的容受性太远的"前进思想"，也许还要引起他的反感；这是负有促进救国统一阵线任务的工作者所要特别注意的。

我们所尤其要提防的是有些装做"思想前进"而故意提出破坏救国统一阵线的过高口号，在旁人看来也许还要钦佩他的思想前进得厉害，不知道你正在上他的大当，正在中他的奸计。例如我们在目前应集中火力对付我们民族的最大的敌人，而他却大喊打倒一切××主义的口号，在表面上看来，好像他的思想很前进的，而在实际上，却只是破坏集中火力来对付我们民族的最大的敌人，间接就是分散我们抗敌的集中的力量，严格说起来，也就是等于汉奸助敌的行为了！我们可以糊里糊涂地上他的大当，中他的奸计吗？在有意假装着"思想前进"而放出这样烟幕弹的人，自是别有用心，但是受他欺骗的人们，也许还以为是"前进思想"的表现，帮着他宣传推广毒素，岂不是冤哉枉也吗？前进思想原是可宝贵的，但这样破坏救国阵线的"前进思想"却是要不得的。

救国联合战线的误解

在本期本刊里,我们承蒙谷雨先生写了一篇《抗日救国的联合战线》,对于救国联合战线的观念,读者已知道大概了。我觉得关于救国联合战线一般人还有着误解,这种误解如不消除,联合战线的造成,还是不免遭受种种的阻碍,对于抗日救国的前途当然有着很不好的影响,所以我想在这里提出来和诸位朋友研究研究。

抗日救国联合战线;或简称为救国联合战线,因为日本是在用最凶猛残酷的手段侵略我们所托命的国家,非沦亡整个中国不止,非灭绝整个中华民族的生命不止,所以我们一想到救国,便和抗日离不了关系,当前一说起救国,就一定要连带到抗日,更简省些,或仅称联合战线,它的唯一的目的既是抗日救国,所以一听到联合战线,就明白是抗日救国的联合战线。

但是望文生义,虽似乎很容易明白,倘不坚决认定联合战线的唯一目的只是抗日救国,在行动上便往往要犯着很大的毛病,不但不能促成联合战线,而且反而要破坏联合战线,这是很值得严重注意的。联合战线又有人称为统一战线,有人误解,以为甲乙丙等等既加入了统一战线,彼此间的一切都当然是统一起来了。他不知道甲乙丙等等的加入统一战线,只是在抗日一点上统一起来(能抗日即能救国,所以抗日救国还可缩写为抗日),在其他方面仍然可以保留着各人的一切,不一定要强同。例如也许你是主张方块字的,我是主张新文字的,但只要你我都是要抗日的,在这一点上便可以结成统一战线,我们结成统一战线,也只是在这一点上,此外你尽管主张你的方块字,我尽管主张我的新文字,彼此不必相强。这里的意思并不是说主张新文字的人不想说服别人也来提倡新文字,但这是另一问题,不可缠夹在统一战线里面。倘若我认为你既和我结成统一战线,关于新文字的主张也非统一不可,但是你尽管赞同抗日,却也许不赞成新文字,那末统一战线反因此破坏了!各党各派在统一战线上仍缠夹着党派的成见,要把一切都统一到自己的方面来,便是犯着这同样的毛病,这毛病不痛加消除,统一战线是无法建立成功的。

　　这意思也并不是说各党各派加入了联合战线，必须抛弃自己的政治主张，这又是出于误认统一战线为一切统一的意义，可是在共同努力于联合战线的时候，必须共同集中火力于对付最大的共同敌人，把自己原有的政治主张搁开。假如甲党尽管有甲党的政纲，乙党尽管有乙党的政纲，但是倘若不能把最大的敌人驱逐，无论什么党，无论怎样好的政纲，彼此都同归于尽，所以在统一战线的阶段，各人虽不必抛弃自己的政治主张，但必须搁置起来，专对抗日救国这件最急迫的当前大事，作诚意的合作。这才是联合战线的真义。我在这里特提出"诚意的合作"，这一点也是特别重要的。联合战线的唯一目的既在抗日，加入联合战线的各党各派便应该在这阶段内对这一件事作诚意的合作，而不可在联合战线内作本党本派所特务的活动，含着欺骗的作用，否则也是犯着破坏联合战线的罪恶。所以真能认识联合战线任务的人，一面是要以诚意来参加联合战线，决不会，也不该把联合战线作为另外目的的手段。

大众文化的基本条件

我在苏联视察的时候,看到他们的"运动大检阅",得到很深刻的印象,尤其是对于那个"运动大检阅"的"大"字的意义,我是在莫斯科看见的。寻常我们想起什么运动会,注意力只集中于若干所谓选手,选手的数量无论怎样大,只是"小众",一点寻不出"大众"的象征。我那次在莫斯科看到的"运动大检阅",便有十几万的男女青年"运动员"参加。整千整万的穿着运动衣的列队挺胸紧步的男女健康青年,使你不得不为之精神振作,想到体育大众化的伟大。他们有大规模训练"运动员"的计划,经过许多类的体育试验及格后,给以"GTO铜质徽章"(GTO是俄文"为工作和防卫而准备"的缩写),这徽章是他们的男女青年觉得最大荣誉之一。在一九三二年(即第一次五年计划的末年)他们的这样"运动员"有六十万人,一九三三年增加到六百万人，一九三四年的上半年增加到一千二百万人！依这样大众化的进步速率，最近的数量一定是更可惊的了！

大众的伟大的力量是新时代的最最重要的象征！

我认为这个重要的意义应该运用到大众文化上面去。我们在这样艰危的时代，应该培养大众的伟大的力量，因此我们的文化必须有一个新时代的动向，必须有一个新时代的新文化运动。这个新文化的方式和内容值得我们作更周详地研究和讨论，但是我深信这个新文化必然地是大众文化；大众文化的基本条件是要大众化，是要不忘却大众，是要切合于大众的真正需要，是要能培养大众的伟大的力量，是要能适合于大众的容受性。我认为这是中国文化转变到一个新阶段的非常重要的问题，希望全国的文化人以及热心中国文化的朋友们都对这个问题加以严重的注意和切实的研究。

所谓大众的"大"，不是高大的"大"，却是广大的"大"。犹之乎上面所谈的"运动大检阅"，不是注重在少数的选手，而是注重在数十万数百万数千万的广大数量的"运动员"，为大众设想，与其只有少数处于"高大"地位的选手，不如有着满山满谷的无限"广大"数量的"运动员"。在我们的新文化方面，也有这相类的情形。换句话说，我们要极力使我们文化工作能影响到大多数人,影响的范围越广大,文化的功效也越广大。举个最近的现成例子:例如整千整万的大众所热烈参加的民众唱歌团(原名民众歌咏团,陶行知先生建议改为今名,我觉更大众化些),便会有这样的意味。民众唱歌团便是推广大众文化的一种很好的工具。我们试想,如有几万几十万人,同时参加一个悲壮雄伟的民众唱歌团,这是怎样伟大的文化工作!

当然,推动民族解放运动的民众唱歌团,只是大众文化工作的一部分。我以为我们办任何文化事业,都要特别注意广大的群众,都要极力使我们的工作能深入广大的群众里面去。中国文化界有个很大的危险,那便是"关门主义",守着千篇一律的宗派的方式,隔膜的理论,不顾到中国大众的现实需要和容受的力量,因此把它的影响范围越缩越小,简直和大众不相涉。文化工作是为着少数人干的呢?还是要为着大多数人来干的?我们先要认清这个基本问题。

褊狭态度和动的现实

我在上次曾和诸君谈过"从现实做出发点"。我认为我们如能注意从现实做出发点，便可不致犯近视病的苦闷，悲观，被苦难所克服的种种流弊。但是还有一点我们也很郑重地注意的，那就是我们要从动的方面去看现实。我们最要避免的是：现实动了，我们应付现实的态度却是一成不变的，牢牢地保守着老的态度，自以为是在应付现实，实际已与现实离开了几千万里了！如不能把握住动的现实，那还是说不上"从现实做出发点"。

我提出这个要点和诸君讨论，意思并不在研究什么抽象的理论，我的脑际是在萦回着中国的当前的现实，我的注意力是集中在中国的抗敌救亡联合阵线问题，是集中在这个联合阵线里的文化工作问题。

我在上面已经说过，我们要从动的方面去看现实。中国在"九一八"事变以后,形势和以前有了很重要的变换。在客观方面,我们的民族敌人是逐步实现他们灭亡整个中国的一贯的计划。在初期还有一些名流学者希望日ⅩⅩ主义肯"适可而止",提倡"息事宁人"的宗旨,但四五年来的铁一般的事实教训,任何人都没有这样的梦想了。现在摆在我们眼前的不只是不愿亡国的问题,是整个中国存亡的问题;亡国的惨祸所殃及的是全国的人民,除了极少数的汉奸卖国贼之外(其实汉奸卖国贼也终于要遭敌人的毒手,因为他们只利用汉奸卖国贼做灭亡中国的工具,工具的效用完了,便以扫除为痛快了),无论你属于任何党派,任何阶层,任何职业,亡国奴的惨遇是一样的;到了那个时候,就是一向坐在安乐椅上的名流学者,也只是一个亡国奴,要再伸眉扬气高谈阔论也是不可能的了。

在主观方面,这个灭亡整个中国的惨祸之迫于眉睫,绝不是一党一派或少数人的力量所能单独挽救的,必须用整个民族的力量,发动抗敌救亡的大战争。现在全国一致热烈要求的抗日救国联合阵线,就是根据这个迫切的需要。所谓抗日救国联合阵线,就是不论何党何派,不论什么阶层,不论什么职业,凡是不愿做亡国奴的,都联合起来,集中整个民族的力量来对付我们民族的最大敌人。在这个抢救中国危亡的现阶段，全中国应该只有两个阵营：一个是抗日救国的阵营；一个是我们民族敌人和汉奸卖国贼的阵营。除这两个阵营外，换句话说，除我们用全力促成并巩固第一个阵线来对付第二个阵线外，如有人再存着褊狭的态度，存着党派或阶层的成见，在言论或行动上来引起纠纷，无论有意或无意来破坏这个救国联合阵线，或减削这个救国联合阵线的力量，那就都是民族的罪人，同时也就是他所属的党派或阶层的罪人！因为民族如果沦亡了，任何党派，任何阶层，都是同归于尽的。

做了民族罪人，同时还要做所属的党派或阶层的罪人，这当然是任何人——除非甘心做汉奸卖国贼如殷汝耕之流的——所不愿意的勾当，但是倘若不看清中国当前动的现实，仍不改变褊狭的态度，尽管自以为是照着"正确的"路线干，不知不觉中却做了汉奸卖国贼的帮凶，这不是很可痛惜的事情吗？

救国联合阵线的出发点

救国联合阵线的呼声，最近已渐渐地扩大了。只看雪片飞来似的询问或讨论这个问题的来信，便知道这件事已经受到热心国事者的严重的注意，这是和民族解放前途有着极重要关系的一个极可欣慰的现象。

但是因为救国联合阵线的成败和民族解放的成败有着非常重要的关系，我们必须加以缜密周详的研究。联合阵线的口号是一件事，在实际工作上真能认清联合阵线的真义又是一件事。只在口头上含糊承认联合阵线的必要还不够，必须在行动上真能符合联合阵线的任务，然后才是真了解联合阵线。

首先我们要注意联合阵线的出发点是未联合。在事实上，中国的各党各派以及各社会层，自从一九二七年以后，是常处于对立的地位，处于斗争日益尖锐化的情况中，换句话说，一向是未联合的。现在国难严重，亡国灭种的惨祸已迫在眉睫，这惨祸所殃及的是整个中国里面的每一个人，超出任何党派与任何阶层的利害之上，这是谁也不能否认的事实；同时在主观方面，非用整个民族的力量来对付我们民族的最大敌人，不能保证民族解放抗战的最后胜利：于是把一向未联合的一切力量都联合起来，结成巩固的救国联合阵线，同心协力争取中华民族的独立，自由，平等。

我们要努力造成救国联合阵线，第一步的实际工作是要努力把一向未联合的联合起来，一向原已联合的就用不着再做联合的工夫。要能合力把一向未联合的联合起来，我们首先必须认清联合阵线的出发点是未联合。这句话初听起来，似乎是多说的，但是在促成联合阵线的实际工作却有着很重要的意义。有些人嘴里虽喊着联合阵线的重要，而在行动上却仍在他原来所属的一党一派里面兜圈子，就是没有党派关系的，也只是在他的原来已完全情投意合的一班人里面兜圈子，并不注意到要对原来未联合的人们方面去做工夫，并不注意到推动原来未联合的人联合起来。甚至有些人不但不对原来未联合的人们方面去做工夫，而且感觉到在他的党派以外的人讨厌，感觉在他原已完全情投意合的一班人以外的人都讨厌。不但讨厌，而且还要拘泥宗派的方式，拘泥不适合于现阶段的理论,抹煞一切,轻蔑一切,讥笑人家不前进,拒人于千里之外;甚至中伤攻击,以为痛快,结果只是把原来可以加入联合阵线共同努力于救亡工作的人,驱之门外,使他们袖手旁观,对国事不闻不问,再弄得不好,甚至使他们跑到反动方面,妨害救国工作的进行。这样一来,尽管嘴上喊着联合阵线的重要,在行动上只是拘守着原来已经联合的范围,对于未曾联合的各方面,不但不能推动他们来加入救国联合阵线,而且因为在言语行动上引起他们无谓的反感,对联合阵线根本引不起他们的信仰与热诚,当然不愿意加入这种"成见阵线"来受闲气!救国联合阵线是越广大越好,因为越广大,力量就越雄厚。可是受着关门主义者的摧残,无论是出于有意或出于无意,结果是原来已联合的仍然是限于那一些,未联合的还是同床异梦,各怀鬼胎!

联合阵线与汉奸问题

我在上期《笔谈》里已经说过,救国联合阵线应该把一向未联合的各党各派的人们都联合起来,同心协力争取中华民族的独立,自由,平等。这样看来,联合阵线的门户是非常广大的,只要是中国人,都可以来者不拒。不然,在联合阵线中间,仍然保持党派的成见,拒绝和我们意见主张稍有不同的人合作,这样仍然不免关门主义的错误。

但是在这里有一个问题,就是救国联合阵线,是不是毫无限制地让一切人们都来参加;假如是汉奸,是否可以让他参加联合阵线呢?

我的答复是:联合阵线既然是越广大越好,我们自然不拒绝任何人参加。只有一个例外,就是不能让汉奸参加。但这一点也不必顾虑,因为既然是汉奸,根本就不会来参加救国联合阵线。

不过有一点我们要特别注意，就是我们要认识清楚怎样才算是真正的汉奸，却不应该把一顶汉奸的帽子随便去套在别人头上。

平常所谓汉奸，就可以分为两种，一种是主观和客观上都做了汉奸。另一种并没有汉奸的意识，只是在客观上有了汉奸的言论或行动。第一种汉奸，如郑孝胥，殷汝耕，石友三等等，他们是死心塌地做卖国贼的，那才是真正的汉奸。第二种汉奸，如有些穷苦的同胞们，因受层层剥削，既无衣无食，又无知无识，他们本意并不想做汉奸，只是为饥寒所迫，才去充当了敌人的奴才走狗；又如一些认识不正确的名流学者，他们意识上并不想认贼作父，而事实上他们却主张屈服退让；又如许多军人，他们并不是不抵抗，只是因为政府没有抗敌的表示，他们为保全实力起见，暂时屈服，这样在客观上变成了汉奸。这一类的汉奸，虽然事实上在做汉奸，却并没有完全昧绝良心，安心做亡国奴。所以这些人只能算作准汉奸，还不能算是真正的汉奸。

救国联合阵线的门户既然越宽大越好，所以只能拒绝真正汉奸的参加，至对于那些准汉奸，不但不应拒绝他们参加，而且应该用极忠实诚恳的态度，加以劝导说服，使他们放下屠刀,立地成佛。这样才是救国联合阵线的正确态度。

　　救国联合阵线既然要把准汉奸都转变过来,使他们共同参加抗敌救亡的工作,那么其余没有汉奸行动的一切人们,自然更不应该随便排挤了。一般对于联合阵线问题,往往容易犯一个严重的错误,就是把一切不参加联合阵线的人,都一律当作汉奸看待。其实有许多人一时不参加联合阵线,只是因为对于联合阵线,不够了解的缘故。竭力设法,教育大众,使大家都了解联合阵线的意义,使大家都参加联合阵线,这正是联合阵线本身的任务。要是偶然因为别人不参加联合阵线,而随意套上去一顶汉奸的帽子,这依然是关门主义的方式,而不是联合阵线的方式。

　　但是有的人怀疑联合阵线的门户放得太宽,难免真正的汉奸混进了城门,在内部起破坏作用,这又怎么办呢?我却以为这一层可以不必顾虑。因为救国联合阵线假如采取光明正大的态度,即使有奸细混进其间,马上会显出原形,马上会被群众踢出。问题是在于我们对于救国联合阵线有没有自信力,关于这一点,当在下期里再详细申说。

今年的八一

二十二年前的八月一日是第一次世界大战爆发的时候。为了那一次大战,在前线阵亡了三千万兵士,受伤和残废的更不止这个数目。人类文化进步因此要迟后五十年。这一次大战结束虽然已有十八年,但是××主义一日不消灭,战祸也一日不会终止。事实上,××主义者老早就在准备第二次世界大战了。到了最近几年,战争的威胁越来越迫近,于是全世界要求和平的人民,特定八月一日为反战节日。到了这一天,各国大都市都有反战的示威大会,全世界的人民大众,在这一天,一致团结起来,反对战争,反对战争的制造者——法西斯党。因此八一成为全世界人民大众团结的纪念日,也就像五一是全世界劳动者团结的纪念日。

现在今年的八一节又到来了。今年的八一比之于往年更有重要的意义,因为它有着下面的几个特点:

第一，第二次世界大战的危机，在目前是比以前几年更来得迫切了。在西方，意大利正在以武力兼并阿比西尼亚，国联的经济制裁，竟遭失败。德意奥三个法西斯国家的新团结，就是大战快要到来的警报。但泽问题和东欧问题，最近又日趋严重。西班牙人民政府与法西斯叛军的内战，也有扩大为国际法西斯与反法西斯战争的可能。至于东方，五年以来侵略战争没有一个时候停止过，现在华北和闽边又告吃紧，日苏边境冲突事件，日有所闻。在这样严重的局势下面，大战在短时期内，不免爆发，是毫无疑问的。

第二，和平的力量，也比往年增加了。不必说，反××主义的苏联，因内部建设的成功，声势一天天浩大，而法国西班牙人民阵线政权的树立，各国人民反战反法西斯联合阵线的一天天巩固和扩大，也都证明人民大众的反战的力量确实比以前坚强得多了。

第三，因为一面法西斯党正在准备侵略战争，另一方面人民大众的和平势力也普遍伸张，所以全世界已逐渐划分为侵略和和平这两大营垒。和平的营垒只有联合一切反对侵略的国家，武装一切要求和平的人民，才能扑灭侵略者的阵营，而建立真正持久的世界和平。因此今年八一的主要口号，不仅是简单地反对战争，而应该是反对侵略战争，反对法西斯主义。

我们中国几年以来，都是因不抵抗而丧失国土。现在民族危机千钧一发，抗敌救亡已成全国民众一致的要求。所以在今年八一，我们尤其应该认识清楚，只有团结国内人民的力量，联合国外反侵略的势力，立即武装全国民众，一齐向当前主要的民族敌人进攻，这样才是中国民族死里求生的唯一出路。

反对侵略的神圣战争的军号在响了。大家在和平阵营上面集合起来罢。

联合阵线和党派立场

关于救亡联合阵线问题一般最容易引起疑问的，就是联合阵线中间，是否容许党派立场的存在？加入了联合阵线以后是否要抛弃各党各派的原有立场？于是有的对于联合阵线逡巡踌躇，不敢轻易加入，有的把联合战线立场和党派立场对立起来，不能找到这矛盾的统一。

是的，联合阵线的目的，是联合目前中国各党各派各阶层，以共同救亡御侮，所以联合阵线中间可以包含各种不同的阶层，和代表各阶层的各党各派。但是各党各派加入联合阵线之后，并不是把原来的党派立场消灭了，而且也不是把各党派的相互对立关系消灭了。相反地，一个党既然采取了联合阵线的政策，那么联合阵线的立场就成为党的立场，联合阵线的实现，就是党的政策的实现。所以加入了联合阵线，不仅不会消灭党派立场，而且使一党一派的原有政策，在联合阵线中间，更容易求得实现和发展。在联合阵线中间，一个党派对于其他对立的党派，也依然可以作理论的斗争。而且正惟因为同在联合阵线之内，这理论的斗争，更容易展开。所不同的，就不过是斗争的方式而已：在平常，党派的斗争，可以不择手段，可以采取一切无情的方式，以达到消灭对方的目的。现在联合阵线中间，为了增强抗敌救亡的力量起见，不妨暂时容许敌党的存在，同时却用理论斗争的方式，以争取敌党所影响下的群众，这种斗争的方式，表面上看去，要和平的多，可是事实上更容易使一个理论真正坚强的党派得到最后的胜利。所以这种的斗争方式，决不是屈服，决不是妥协。

　　党派的产生是以阶层为基础的，而联合阵线则以全民族为基础。党派斗争是为了阶层的利益，而联合阵线则是为了全民的利益。这两种组织在表面上似乎不能相容，实际上却不然。在目前的中国，整个民族陷于沦亡，全民的利益和阶层的利益，已经不能分离。只有民族革命得到胜利的时候，阶层利益才有保障；也只有社会解放实现的时候，民族解放才得到最后的胜利。所以全民的救亡运动和社会解放运动，原是一而二，二而一。在民族危机十分深重的今日，却只有从民族解放斗争中间开展社会解放的斗争，而不是在社会解放斗争的口号下，进行民族解放斗争。联合阵线的主要作用，就在这里。所以把民族解放和社会解放分作两件事，固然是错误；如果认为目前只是作民族解放的斗争，而把社会解放的斗争，暂时搁置，更是大错而特错。

因此，一个党派既然采取了联合阵线的政策，便是认定在目前要从全民的对外抗战中，去争取所代表的阶层的利益。因此一切目标，都要集中在全民对外抗战的实现，这样才是参加联合阵线的党派的立场。我们主张枪口一致对外，并不是说在我们内部，没有民贼，没有汉奸。事实上汉奸与民贼，是和外敌勾结起来，倚靠外敌以存在的。所以釜底抽薪的方法，是以全民的力量，来消灭外敌，外敌消灭以后，汉奸与民贼，自无容身之地。到了那时，民族解放与社会解放，便同时达到了目的。

当然，这不是说在救亡联合阵线中，我们对于汉奸民贼，可以不必有什么戒备。相反地，我们应该尽可能向群众指出汉奸理论与汉奸行动，肃清联合阵线内部的一切奸细作用，假如我们在联合阵线内部不能作正确的理论斗争，联合阵线政策只能算是失败。但是另一方面，我们却时时刻刻，应该从抗敌救亡的实际行动中，去启发领导群众，这样才能使联合阵线的立场与党派立场真正统一起来。

相信我们自己

本刊在香港出版，先后共出十一期。在这十一期中间所登载的主要论文，有一大部分是讨论救亡联合阵线的问题。为了这个问题，笔者又曾经和沈钧儒，章乃器，陶行知三位先生联名发表了一篇文章，印成小册子分送。本刊并曾于前期登载启事，征求南中国文化界对于那篇文章的批评和指教。本刊迁沪以后更打算搜集其他各方面的意见，另印救亡联合阵线问题特辑。因此本刊在香港出版的短时期内对于"促进民族解放，推广大众文化"这个任务，即使没有做出十分成绩，但是对于目前最紧要的救亡联合阵线问题却总算有些微的贡献了。

不过联合阵线问题并不是一个十分简单的问题。虽然本刊对于本问题的论辩，已经耗费许多墨汁，但是笔者依然觉得意有未尽。例如本刊第八号《笔谈》里，我曾经说过，要避免汉奸的破坏,我们必须对于联合阵线有自信力,但是自信力为什么十分必要,以前还没有说过。现在无妨再在这里补充说明一下。

在目前全国人民应该团结御侮,对于这一点大家再不会引起问题。现在所引起的问题只有两个,其一是在联合阵线里边惧怕汉奸的破坏,其二是认为不先肃清汉奸,就不能抗 x。这种疑惧和误解,要是不加以解消,联合阵线就无法建立起来,因为惧怕汉奸破坏,会减少抗 x 的勇气,主张先除奸后抗 x,就等于主张先安内后攘外,都是和联合阵线的原则不相容的。其实这种疑惧和误解,都由于缺乏自信力的缘故。假如我们相信抗 x 救国是全国人民一致的要求,我们相信联合阵线,必然得到最后的胜利,那末纵使有汉奸卖国贼,混入联合阵线内部,我们以至诚相待,亦必然能使少数汉奸,翻然觉悟。如仍不能觉悟,也必不免为大多数爱国分子所唾弃。在那时,汉奸要在联合阵线中起破坏作用,一定不容易发生效力。相反地,同在联合阵线中,要是互相猜忌,互相怀疑,结果是大都把一切力量用在对内的戒备和攻击上面,这样还能够说得上团结救亡吗?

主张非先肃清汉奸不能抗敌,也是由于过分惧怕汉奸而看轻自己这一种心理所致。假定我们相信抗x必然得到最后胜利，那么抗x胜利以后，挟寇自重的汉奸，不除而自除。但是有的人对于联合战线的最后胜利，没有确信，觉得贸贸然和人家联合，结果会被别人利用，因此坚主非肃清汉奸不能抗日。结果，汉奸仍不容易肃清，而救亡工作，却反因此延搁下来了。

所以现在我们要相信自己：相信我们自己是光明坦白，为神圣的救亡事业而工作，因此更不必有什么顾忌猜疑，相信我们自己在救亡运动中，必然得到最后伟大的胜利，这样我们就无妨把心眼放宽些，对于各种不同的党派，不同的阶层，都取宽容的态度，惟有这样，联合阵线才能够建立而且巩固扩大起来。

分头努力

我记得有一个时候，有人提出枪杆和笔杆对救国谁的力量强的问题。有些人对这个问题打了一顿笔墨官司，结果还是你说你的，我说我的，没有得到什么一定的结论。其实枪杆自有枪杆的效用，笔杆也自有笔杆的效用，只须用得其当，都可有它的最大的贡献；真要救国，应该各就各的效用作最大限度的努力。当十九路军在淞沪英勇抗敌御侮的时候，我们亲眼看到枪杆对于保卫国土所贡献的伟大的力量。但是同时我们也亲眼看到民众被爱国言论和宣传所引起的异常深刻的感动，万众一心，同仇敌忾，有钱的出钱，有力的出力，妇孺老幼，都奋发努力于后方的种种工作，军力和民力打成了一片。

救国的工作是要靠各种各样的分工配合而成的，是要各就自己所有的能力做最大限度的奋斗。

试再就军事上的作战说吧,有的担任前线的冲锋,有的卫护后方的辎重,各有各的任务,谁也少不了谁;你如果一定要使冲锋的队伍都到后方来卫护辎重,或一定要使辎重队都往前方去冲锋陷阵,那在军事上作战上都是损失。

不但枪杆和笔杆,不但军事上的作战,我们对于各种各样的工作,乃至似乎是很平凡的工作,都应作如是观。例如一个报馆里卷包报纸的社工,在表面上看来,他的工作似乎是很平凡的,但是只要这个报是热心参加救国运动的,在救国的任务上,他的工作也有着重要的意义。

稍稍有一点知识和良心的中国人,没有不时常想到中华民族解放,没有不殷切盼望中华民族解放的早日实现,所以也没有不想在这上面尽他的力量。这种心理的随处流露,在救国运动方面当然是一件可喜的事情。但是却有许多人因此感到苦闷,总想跳出他所处的现实,跑到一个合于他的理想的环境中去努力。他没有想到我们应该各就各的能力,即在现实中随时随地做工夫;更没有想到环境若使真能合于我们的理想,那需要我们的努力也就不会怎样迫切的了!

也许我们自己还没有做到"最大限度",那只有更奋勉地加工干去。也许别人还没有做到"最大限度",那我们也不应该轻视他,却要指示他,鼓励他,帮助他做到"最大限度"。

让我们在民族解放的大目标下,分头努力干去!

韬奋生平与著述简表

1895年　11月5日（农历乙未年九月十九日）出生于福建永安。祖籍江西余江。原名恩润，乳名荫书。韬奋为其笔名。

1900年　全家迁往福州。父亲为他"发蒙"。

1909年　考入福州工业学校。

1912年　到上海南洋公学下院（附小）读书。

1914年　升入南洋公学中院（附中）读书。

1915年　在《学生杂志》上首发文章。

1917年　升入南洋公学上院（大学）电机工程科学习。

1919年　开始在《申报·自由谈》上发表文章。9月考入圣约翰大学文科三年级，主修西洋文学。开始试译杜威的《民本主义与教育》。

1921年　7月毕业于圣约翰大学。先后在厚生纱厂、上海纱布交易所任英文秘书，在申报馆帮助处理英文函件。

1922年　担任中华职业教育社编辑股主任。

1923年　《职业教育研究》由商务印书馆出版。与叶复琼结婚。

1925年　《生活》周刊创刊。从第1卷第2期起，为之撰写文章。

1926年　10月接办《生活》周刊。从第2卷第1期起开辟《读者信箱》专栏。与沈粹缜结婚。

1928年　译作《一位美国人嫁与一位中国人的自述》由《生活》周刊社出版。

1929年　译作《一位英国女士与孙先生的婚姻》由《生活》周刊社出版。

1931年　《小言论》第一集、译作《一个女子恋爱的时候》由《生活》周刊社出版。

1932年　《生活》周刊销数增达155000份。7月生活书店正式成立。参与发起筹办《生活日报》。《最难解决的一个问题（信箱汇集之一）》

由生活书店出版。

1933年 参加宋庆龄、蔡元培、鲁迅发起的"中国民权保障同盟",当选为执行委员。7月14日,从上海乘意轮佛尔第号流亡国外,先后到达意大利、瑞士、法国、英国,随程撰写通讯《萍踪寄语》。《韬奋漫笔》《小言论》第二集、第三集由生活书店出版。

1934年 考察法国、比利时、荷兰、德国,到苏联访问考察。《萍踪寄语》初集、二集由生活书店出版。

1935年 赴美,对美国社会做深入考察和研究。8月27日抵达上海。《大众生活》创刊。与沈钧儒、马相伯等组织上海文化界救国会。《萍踪寄语》三集由生活书店出版。

1936年 11月与沈钧儒等救国会领袖在上海被捕,后移至苏州看守所羁押。在看守所动笔撰写自传《经历》《大众集》《坦白集》由生活书店出版。

1937年 7月韬奋等"七君子"获释。11月乘轮前往香港。《读书偶译》《展望》《经历》《萍踪忆语》由生活书店出版。

1938年 主编《抗战》《全民抗战》等。

1939年 4月当选为生活书店总经理。译作《从美国看世界》《苏联的民主》由生活书店出版,《韬奋时事论文集》由中流书店出版。

1940年 《事业管理与职业修养》由重庆生活书店出版。

1941年 2月秘密离渝,流亡香港。撰写长文《抗战以来》,连载于香港《华商报》,8月由华商报社出版部结集出版。

1942年 香港沦陷,流亡广东等地,考察苏中、苏北抗日根据地。

1943年 耳疾恶化,诊断为中耳癌,回上海治疗、手术,以化名不断转换医院。

1944年 开始撰写《患难余生记》。7月24日晨7点20分逝世于上海医院。10月1日重庆各界隆重召开追悼大会。11月22日延安举行追悼大会。